АНГЛО-РУССКИЙ
ТОЛКОВЫЙ СЛОВАРЬ
ВНЕШНЕЭКОНОМИЧЕСКИХ
ТЕРМИНОВ

V. MARTYNOV

ENGLISH-RUSSIAN GLOSSARY OF TERMS ON EXTERNAL ECONOMIC ACTIVITY

Second edition

"FINANCY I STATISTIKA"
PUBLISHERS
MOSCOW – 1994

В.В. МАРТЫНОВ

АНГЛО-РУССКИЙ ТОЛКОВЫЙ СЛОВАРЬ ВНЕШНЕЭКОНОМИЧЕСКИХ ТЕРМИНОВ

Издание второе, дополненное

МОСКВА
"ФИНАНСЫ И СТАТИСТИКА"
1994

ББК 65.051.9(2) 43я21
М29

Мартынов В.В.

М29 Англо-русский толковый словарь внешнеэкономических терминов. — 2-е изд., доп. — М.: Финансы и статистика, 1994. — 208 с.
ISBN 5-279-01241-6.

Словарь на английском языке содержит 950 терминов, используемых в мировой практике бухгалтерского учета, банковского учета и статистике внешнеэкономической деятельности. Во второе издание включены термины и понятия, используемые в мировом рынке ценных бумаг, при установлении валютного курса и в изучении Системы национальных счетов.

Для экономистов, статистиков, специалистов финансовой системы, научных работников, преподавателей и студентов экономических вузов.

$$М \frac{0702000000 - 057}{010(01) - 94} - 51{-}94$$

ББК 65.051.9(2) 43я21

ISBN 5-279-01241-6

© В.В.Мартынов, 1992
© В.В.Мартынов, 1994

ПРЕДИСЛОВИЕ КО ВТОРОМУ ИЗДАНИЮ

Англо-русский толковый словарь как справочное издание по внешнеэкономической терминологии выходит вторым изданием. Словарь содержит 950 терминов на английском языке, широко используемых в практике внешнеэкономической деятельности: это термины и понятия, применяемые в бухгалтерском и банковском учете при осуществлении коммерческих сделок и заключении внешнеторговых контрактов; проведении таможенных процедур, финансовых операций, связанных с межстрановым движением рабочей силы; оценке факторных доходов и капитала, доходов от иностранного туризма; составлении платежного баланса; ведении национального счетоводства.

По сравнению с предыдущим изданием словарь-справочник дополнен статьями, объясняющими экономическое содержание внешнеэкономических терминов, используемых такими вновь созданными мировыми методологическими стандартами, как Руководство по составлению платежного баланса, изданное Международным валютным фондом в сентябре 1993 г., и Система национальных счетов, одобренная Статистической комиссией ООН в феврале 1993 г.

В словарь включены новые английские термины и понятия, используемые при финансово-статистическом изучении мирового рынка ценных бумаг, установлении официального валютного курса.

Важным разделом словаря являются термины, используемые в мировой практике международных сопоставлений при определении как паритета покупательной способности валют, так и его зависимости от размера инфляции.

Экономические термины на английском языке переведены на русский с подробным объяснением экономического содержания. Термины на английском языке, набранные курсивом и в круглых скобках, отсылают читателя к соответствующим статьям словаря, набранные же прямым шрифтом и заключенные в квадратные скобки уточняют русский текст. Поскольку в экономической практике широко используются заимствованные иноязычные термины (например, тратта, акцепт и т.д.), автор счел необходимым включить толковый словарь заимствованных иностранных терминов, помещенный в конце книги.

Данное справочное издание содержит приложения. В них дано краткое описание основных международных методологических стандартов по учету и статистике внешнеэкономических связей. В словаре приведены сокращения, используемые в мировой практике статистического учета внешнеэкономической деятельности.

В конце книги даны русские эквиваленты английских терминов.

"Англо-русский толковый словарь внешнеэкономических терминов" предназначен для практических работников внешнеторговых объединений, фирм, совместных предприятий, учреждений и организаций, осуществляющих внешнеэкономическую коммерческую деятельность, слушателей и преподавателей школ международного бизнеса.

Сокращения, используемые в мировой практике статистического учета внешнеэкономической деятельности

AFDB	— African Development Bank	АфБР	— Африканский банк экономического развития
AID	— U.S. Agency for International Development	АМР	— Агентство США по международному экономическому развитию
AsDB	— Asian Development Bank	АзБР	— Азиатский банк экономического развития
ASYCUDA	— Automated System for customs and administration	АСТА	— Автоматизированная система для таможенных и административных процедур
BEC	— Product nomenclature according to Broad Economic Categories	ТКЭК	— Товарная классификация по широким экономическим категориям
BIS	— Bank for International Settlement	БМР	— Банк для международных расчетов
CCC	— Customs Cooperation Council	СТС	— Совет таможенного сотрудничества
CCCN	— Customs Cooperation Council Nomenclature	ТНСТС	— Товарная номенклатура Совета таможенного сотрудничества
CDB	— Carribben Development Bank	БРК	— Банк экономического развития Карибского региона
c.i.f.	— cost, Insurance, freignt	СИФ	— стоимость, страхование, фрахт
CIS	— Commonwealth of Independent States	СНГ	— Содружество Независимых Государств
EBRD	— European Bank for Reconstruction and Development	ЕБРР	— Европейский банк реконструкции и развития

ECA	– Economic Commission for Affrica	ЭКА	– Экономическая комиссия для Африки
ECE	– Economic Commission for Europe	ЕЭК	– Европейская экономическая комиссия
ECLAC	– Economic Commission for Latin America and the Caribben	ЭКЛАК	– Экономическая комиссия для Латинской Америки и Карибского бассейна
ECU	– European currency unit	ЭКЮ	– европейская валютная единица
EEC	– European Economic Community	ЕЭС	– Европейское экономическое сообщество
EIB	– European Investment Bank	ЕИБ	– Европейский инвестиционный банк
EMS	– European Monetary System	ЕВС	– Европейская валютная система
ESCAP	– Economic and Social Commission for Asia and the Pacific	ЭСКАТО	– Экономическая и социальная комиссия для Азии и Тихого океана
ESCWA	– Economic and Social Commission for Western Asia	ЭКЗА	– Экономическая и социальная комиссия для Западной Азии
FAO	– Food and Agriculture Organization of United Nations	ФАО	– Продовольственная и сельскохозяйственная организация ООН
f.o.b.	– free on board (value at customs frontier of exporting country)	ФОБ	– свободно на борту (таможенная оценка товара на границе страны-экспортера)
GATT	– General Agreement on Tariffs and Trade	ГАТТ	– Генеральное соглашение по тарифам и торговле
HS	– Harmonized Commodity Description and Coding System	ГСОКТ	– Гармонизированная система описания и кодирования товаров
IAS	– International Accouting Standard	МСБУ	– Международный стандарт бухгалтерского учета
ICAO	– International Civil Aviation Organization	ИКАС	– Международная организация гражданской авиации

IDR	– International depository receipt	МДС	– международное депозитное свидетельство
IBRD	– International Bank for Reconstruction and Development (World Bank)	МБРР	– Международный банк реконструкции и развития (Всемирный банк)
ILO	– International Labour Organization	МОТ	– Международная организация труда
IMCO	– International Maritime Consultative Organization	ММКО	– Межправительственная морская консультативная организация
IMF	– International Monetary Find	МВФ	– Международный валютный фонд
ISIC	– International Standard Industrial Classification of all Economic Activities	МСХК	– Международная стандартная хозяйственная классификация видов экономической деятельности
ITC	– International Trade Centre	МЦТ	– Международный центр по торговле
OECD	– Organization for Economic Cooperation and Development	ОЭСР	– Организация экономического сотрудничества и развития
SNA	– System of National Accounts	СНС	– Система национальных счетов
UNCITRAL	– United Nations Commission on International Trade Law	КОВТЗ	– Комиссия ООН по внешнеторговому законодательству
UNESCO	– United Nations Educational, Scientific and Cultural Organization	ЮНЕСКО	– Организация Объединенных Наций по вопросам образования, науки и культуры
UNIDO	– United Nations Industrial Development Organization	ЮНИДО	– Организация Объединенных Наций по промышленному развитию

UNCTAD	– United Nations Conference on Trade and Development	ЮНКТАД	– Конференция Организации Объединенных Наций по торговле и развитию
VAT	– Value-added tax	НДС	– налог на добавленную стоимость
WB	– World Bank	ВБ	– Всемирный банк
WHO	– World Health Organization	ВОЗ	– Всемирная организация здравоохранения
WTO	– World Tourism Organization	ВТО	– Всемирная туристическая организация

A

ACCEPT – письменное согласие на оплату платежного требования.

Обязательство оплаты переводного векселя (*bill of exchange*) или тратты (*draft*) в срок. Оформляется надписью на платежном требовании "акцептовано" и подписью письменного требования о выплате тратты акцептанта (*acceptor*).

ACCEPTABILITY – приемлемость платежного требования.

Признание кредитоспособности лиц, выдавших долговое обязательство. Означает, что банк (*bank*) готов учесть предложенную ему ценную бумагу и согласен с предусмотренным сроком платежа.

ACCEPTANCE – принятое к оплате платежное требование.

Переводный вексель (*bill of exchange*) или тратта (*draft*), принятые к оплате по их предъявлению трассатом (*drawee*). Наиболее активную позицию на рынке денежных средств получают акцепты, которые могут быть учтены по общераспространенным ставкам. Банковские акцепты (*banker's acceptance*) учитываются по более выгодным учетным ставкам по сравнению с торговыми акцептами (*trade acceptance*), за исключением документов, акцептованных наиболее кредитоспособными фирмами.

ACCEPTANCE AND RETURN – акцептование и возврат платежного требования.

Операции, в рамках которых на время ожидания срока платежа происходят акцептование и возврат векселедателю по банковским каналам акцептованного переводного векселя (*bill of exchange*) или тратты (*draft*). При наступлении этого срока держатель расчетного документа возвращает его трассату (*drawee*) и выставляет требование об оплате. Так как этот процесс довольно длительный, его избегают, оставляя акцепт (*acceptance*) в банке (*bank*), осуществившем его первоначальное предъявление трассату. По наступлении срока платежа банк выставляет трассату требование об оплате и переводит трассанту (*drawer*) причитающуюся сумму денег.

ACCEPTANCE COMMISSION — комиссионный сбор за акцепт.

Плата, взимаемая банком (*bank*) по поручению клиента за акцептование тратты (*draft*). Акцептуя тратту, банк гарантирует оплату по платежному требованию, повышая тем самым его приемлемость на учетном рынке [*discount market*].

ACCEPTANCE CREDIT — вексельный кредит.

Кредит, предоставляемый акцептной фирмой (*acceptance house*) экспортерам и импортерам под их переводный вексель (*bill of exchange*) или тратту (*draft*), акцептованную ею.

ACCEPTANCE FINANCING — акцептное финансирование.

Операция, посредством которой банк (*bank*) предоставляет экспортеру либо импортеру заранее оговоренный кредит (*acceptance credit*) для финансирования закупок или продаж товаров.

В качестве гарантии обслуживания выданного акцептного кредита банк может потребовать от заемщика в заклад товарную накладную или квитанцию на груз, определяющую номенклатуру товаров, под которые выдан кредит, либо предоставить иные гарантии. Заемщикам, пользующимся высокой репутацией, могут быть предоставлены "чистые" (без залогового обеспечения) кредиты.

Акцептное финансирование может быть организовано не только через банки, но и через специализированные финансовые фирмы (*acceptance house*).

ACCEPTANCE HOUSE — акцептная фирма.

Финансовое учреждение, специализирующееся на акцептном финансировании (*acceptance financing*) экспортеров, которые, имея трудности в реализации на внешнем рынке закупленных у национальных производителей продуктов и изделий, расплачиваются за кредиты товарными квитанциями. Акцептный кредит (*acceptance credit*) оформляется в виде тратты (*draft*).

ACCEPTANCE LIABILITY — обязательства по акцептам.

Совокупность всех тратт (*draft*) и переводных векселей (*bill of exchange*), акцептованных и не оплаченных банком (*bank*). В банковских учетных книгах эти обязательства проходят по статье "обязательства по счету акцептов" [*liability on account of acceptances*].

ACCEPTANCE SUPRA PROTEST — акцептование векселя для спасения кредита векселедателю.

Акцептование переводного векселя (*bill of exchange*) и тратты (*draft*), не принятых к оплате другими банками (*bank*). Эту финансовую операцию акцептант (*acceptor*) осуществляет в целях сохранения гарантии выполнения платежного требования, опротестованного ранее, чтобы поддержать кредитоспособность трассанта (*drawer*).

ACCEPTOR — акцептант.

Ответственное лицо банка или фирмы, акцептующее платежное требование (*accept*).

ACCESSORIAL SERVICES — дополнительные внешнеторговые услуги, оказываемые перевозчиком грузов.

Такими услугами могут быть авансовые платежи сторонним перевозчикам, хранение грузов, сборы за перевод средств наложенным платежом и др. За выполнение дополнительных услуг перевозчик, как правило, назначает дополнительную плату.

ACCOMMODATION BILL — дружеский вексель.

Переводный вексель (*bill of exchange*) либо аналогичное ему платежное требование, на котором кредитоспособная сторона с целью повышения ценности векселя как средства денежного рынка делает свой индоссамент (*endorsement*).

ACCOMMODATION ENDORSEMENT — дружеский индоссамент. Ответственность за погашение в срок задолженности.

Индоссирование (*endorse*) банком (*bank*) либо другой кредитоспособной стороной переводного векселя (*bill of exchange*) или иного оборотного кредитно-денежного документа в целях повышения его конкурентоспособности на денежном рынке. Лицо, осуществляющее дружеское индоссирование, непосредственно не участвует на начальных стадиях оформления расчетного средства, но берет на себя ответственность за погашение в срок задолженности по обязательству, если стороны, участвовавшие в составлении документа, или другие (предыдущие) индоссанты не в состоянии этого сделать.

ACCOUNT – счет.

Инструмент, используемый в бухгалтерском учете для денежной оценки товарных и финансовых потоков коммерческого предприятия, производящего товары или оказывающего услуги. В Системе национальных счетов (*System of National Accounts*) и платежном балансе (*balance of payments*) – это средство фиксации экономических потоков в форме сальдирующих статей.

ACCOUNT OF FOREIGN INVESTMENT – счет иностранных инвестиций.

Компонент счета СНС "Зарубежные страны" (*rest of the world account*), в котором отражаются внешнеэкономические операции, касающиеся основных фондов. К категории таких операций относятся: капитальные трансферты, полученные из-за рубежа или переданные "остальному миру", "чистые" покупки земли, безвозмездная передача основных фондов другим странам, выплата компенсаций за случайное повреждение основных фондов других стран.

ACCOUNTING FRAMEWORK – руководство по ведению счетоводства.

Международным руководством по ведению бухгалтерского учета является стандартизированная система финансовой отчетности, разработанная Центром ООН по транснациональным компаниям (*International standards of accounting and reporting*).

Общепринятый в мире эталон для обобщения первичной финансовой информации в виде сводно-экономических балансовых таблиц – это Система национальных счетов ООН (*System of National Accounts*). В странах с плановой экономикой используется наряду с СНС также и баланс народного хозяйства (*Balance of National Economy*).

ACCOUNTING FOR FOREIGN TRADE – статистическая отчетность по внешней торговле.

Стандартные бланки или анкеты, заполняемые внешнеторговыми предприятиями по данным первичного учета экспортно-импортных операций (*external trade systems of recording*). Учет ведется на основе следующих документов: контракта с зарубежными фирмами о продаже или покупке на мировом рынке партии определенных товаров, коносамента (*bill of lading*), извещения о прохождении грузов через границу, договора с отечественными предприятиями о поставке товаров на экспорт, договора с национальными предприятиями оптовой и розничной торговли на приобретение по их заказу импортной продукции (*transaction records*).

ACCOUNTING SYSTEM — система бухгалтерского учета.

Унифицированный способ денежной оценки отдельных хозяйственных операций коммерческого предприятия и составления бухгалтерских балансов, характеризующих состав прибылей и убытков, движение уставного фонда, состав и движение основных фондов, себестоимость продукции, объем выручки от ее реализации.

ACCURACY OF PURCHASING POWER PARITY — достоверность паритета покупательной способности валют.

Степень точности значения индекса [index-number] как соизмерителя соотношения уровня национальных цен единого набора товаров и услуг сравниваемых стран. Условность величины этого показателя зависит от: 1) представительности набора ("корзины") товаров с точки зрения их типичности для национальной экономики и международной сравнимости потребительских свойств (*sampling distribution applies to international comparison*); 2) правильного распределения товаров-представителей по пересчетным товарным группам как результата обобщения национальных статистических данных в соответствии с едиными экономическими классификаторами; 3) соблюдения одинаковых принципов подбора индивидуальных цен по взаимосогласованному списку товаров-представителей; 4) применения наиболее целесообразных способов (выбор формул и системы весов) исчисления паритетов покупательной способности валют.

ACQUISITION OF FIXED CAPITAL ASSETS — приобретение имущества в виде основного капитала.

Расходы на покупку товаров длительного пользования, используемых для производственных целей, капитального строительства, капитального ремонта. При исчислении этого показателя международной финансовой статистики не учитываются бюджетные средства, используемые на приобретение военной техники и капиталовложения в строительство военных объектов.

ACQUITTANCE — документ, освобождающий от финансовой ответственности.

Документ, подтверждающий освобождение от уплаты

долга или выполнения другого финансового обязательства. Расписка в получении денежных средств.

ACTIVITIES OF MONETARY INSTITUTIONS – деятельность денежно-кредитных учреждений.

Денежное посредничество вексельных контор, сберегательных банков и прочих финансовых учреждений, за исключением центральных банков.

ACTIVITY – деловая активность.

Экономическая деятельность, конкретизированная в виде производства того или иного товара или оказания конкретной формы услуг. Положена в основу международной стандартной классификации отраслей хозяйства (*International Standard Industrial Classification of all Economic Activities*), экономических классификаторов СНС (*System of National Accounts*).

ACTUARIAL RESERVES IN RESPECT OF LIFE INSURANCE – актуарные резервы страхования жизни.

Средства держателей полисов страхования жизни в финансовых фондах компаний. При формировании этих фондов предусматриваются резервы для возмещения убытков от страховых обязательств, обусловленных смертью держателей полисов от несчастных случаев.

ADMINISTERED PRICING – управляемое (регулируемое) ценообразование.

Положение, при котором цены на отдельные товары и услуги определяются правительственными органами, официальными и неофициальными картелями поставщиков, а также торговыми ассоциациями, но не рыночными факторами. Цель такого ценообразования – ограничение конкуренции цен либо их стабилизация на определенный период времени.

Примерами управляемого (регулируемого) ценообразования служат контроль в области цен, устанавливаемый правительством в периоды дефицита или высокого уровня инфляции (*inflation*), введение различных тарифов и ставок, соглашения и договоренности между поставщиками и импортерами о недопущении снижения рыночных цен ниже определенного уровня.

ADMISSION TEMPORAIRE – временный доступ к импорту.
Временное разрешение на беспошлинный ввоз из-за

границы товаров, выдаваемое обычно с целью переработки и последующего их вывоза из страны (экспорт). Наиболее распространенные инструменты реализации этого товарного потока (*flow of external trade*): ввоз под расписку [importation under bond] — импортер оставляет таможенным органам расписку, в которой обязуется уплатить пошлину, если товар не будет реэкспортирован в течение определенного периода; ввоз с последующим возвратом пошлины [drawback] — с импортера при ввозе товара взимается причитающаяся пошлина, которая возвращается ему при вывозе на экспорт конечного продукта.

AGREED MINUTE OF DEBT RESCHEDULINGS — согласованный протокол по пересмотру финансовых обязательств по внешнему долгу.

Документ многостороннего совещания, в котором определяются положения по пересмотру сроков и условий выплаты внешнего долга и его процентов (обслуживание долга) в условиях консолидации, т.е. при осуществлении финансовых операций по превращению краткосрочных займов в среднесрочные и долгосрочные займы (*external debt*). В согласованном протоколе обычно указываются объем долговых платежей, подлежащих консолидации, период консолидации, величина процента, срок выплаты которого подлежит пересмотру, условия регулирования первоначальных платежей и новый пересмотренный график погашения займа, сроков уплаты отсроченных долгов.

AGGREGATIVE APPROCH TO THE PROBLEM OF INTERNATIONAL INDEX NAMBER — агрегативный подход к решению методологических проблем международного индекса.

Теоретическое направление в индексологии, в соответствии с которым индекс строится применительно к заранее определяемому стоимостному агрегату и составу его товарных групп.

Репрезентативность выборки оценивается по объему набора конкретных продуктов и изделий, рассматриваемых как наиболее типичные представители товарных групп.

Сознательное регулирование процесса формирования выборочной совокупности создает условия для исчисления международного индекса, величина которого отражает желаемые результаты.

ALLOCATION OF SPECIAL DRAWING RIGHTS (SDR) – распределение специальных прав заимствования.

Финансовые операции Международного валютного фонда (МВФ) (*International Monetary Fund*) по представлению или ликвидации на счетах центральных банков стран–членов МВФ средств в форме особых резервных активов – специальных прав заимствования. Распределение (или аннулирование) специальных прав заимствования – международная внешнеэкономическая операция, аналогичная односторонним трансфертам, когда резидент (*residents of an economy*) получает или отдает финансовые активы. Эти активы поступают на счет национального банка строго в соответствии с величиной ранее произведенного взноса в МВФ. Перехода прав собственности не происходит.

ANALYTIC PRESENTATION OF THE BALANCE OF PAYMENTS – аналитический принцип формирования платежного баланса.

Объединение в группы в зависимости от аспекта внешнеэкономических связей страны стандартных компонентов (*standard component of balance of payments*), количественно характеризуемых статьями данной статистической категории. Если статьи платежного баланса (*balance of payments*) представить в виде двух аналитических категорий, то их суммарные итоги в числовом выражении будут равны между собой. Одна из них будет представлять собой чистый кредит, а другая – чистый дебет. Чистая сумма каждой из категорий – это сальдо. Сальдо с чистым кредитом является активным, а с чистым дебетом – пассивным.

Платежный баланс, построенный по аналитическому принципу, представляет собой ведомость, разделенную горизонтальной чертой на две категории (последняя статья одной категории отделяется от первой статьи другой категории). Активное или пассивное сальдо первой категории представляет сумму всех статей, расположенных выше черты, а активное или пассивное сальдо второй категории – сумму всех статей, находящихся ниже черты.

ANTICIPATORY LETTER OF CREDIT – аккредитив для оплаты еще не отгруженной продукции.

Кредитное письмо, в соответствии с которым выплата указанной в нем денежной суммы производится не под коносамент (*bill of lading*), а под складскую расписку или аналогичный ему документ.

ARREARS OF DEBT RESCHEDULING — внешняя задолженность по просроченным долговым обязательствам.

Величина внешней задолженности (*external debt*), которая должна быть выплачена зарубежным кредиторам до начала периода консолидации финансовой операции по превращению краткосрочных займов в среднесрочные и долгосрочные.

ASSETS — активы, имущество.

Собственность в виде недвижимого и движимого имущества производственного и бытового назначения, а также земли, лесные угодья, запасы полезных ископаемых, находящихся в хозяйственном пользовании. В международной статистике национального богатства (*national wealth*) и в Системе национальных счетов — это стоимостная оценка собственности, находящейся в личном владении или принадлежащей государству. Собственность понимается как капитализация доходов, т.е. аккумуляция той части доходов, которая используется домовладельцами, правительством и предпринимателями для увеличения основных фондов (*gross capital stock*) (жилых зданий, предметов длительного пользования потребительского назначения, производственных зданий, машин, оборудования, сооружений).

AVAL — письменное финансовое поручительство.

Форма гарантии банка или фирмы, способствующая повышению доверия к финансовым возможностям владельца оборотного кредитно-денежного документа. Платежный документ с письменным финансовым поручительством "солидного" банка позволяет его владельцу производить расчетные операции при внешнеторговых коммерческих сделках в больших денежных размерах по сравнению с имеющимися конкретными товарными ценностями.

AVERAGE APPLIES TO PURCHASING POWER PARITY — средняя, используемая при определении паритета покупательной способности валют.

Показатель типичности качественно однородной совокупности. Проявляется в виде варьирующего признака в процессе обследования объектов статистического наблюдения. В качестве случайных величин при выявлении достоверности покупательной способности валют (*accuracy of purchasing power parity*) используются индивидуальные индексы цен стандартного набора товаров и услуг. Типичность варьирующего признака количественно характеризуется, как правило, таким показателем, как средняя арифметическая взвешенная при любом сочетании произведений случайной величины на число ее проявлений в процессе статистического обследования. Формулы средней арифметической взвешенной используются при международных сопоставлениях для определения показателей рядов распределения (*sampling distributing applies to international comparison*).

При замене случайных величин их средним значением типичность варьирующего признака изучаемой статистической совокупности не изменяется. В ряде распределения средняя не только выражает типичное значение варьирующего признака, но и является центральной точкой концентрации случайных величин. Центральное положение средней в упорядоченном ряде вариантов подтверждается тем, что отклонения случайных величин от их типичного значения взаимно погашаются.

В

BALANCE OF CURRENT TRANSACTION WITH THE REST OF WORLD — баланс текущих экономических операций с зарубежными странами.

Составной компонент СНС "Внешнеэкономические связи" (*rest of the world accounts*), отражающий межстрановое движение доходов, создаваемых или используемых в процессе экспортно-импортных операций. Расчеты по этим операциям осуществляются на условиях, принятых в международной практике для сделок без отсрочки платежа и не предполагающих предоставление или привлечение средств в иностранной валюте в кредитной форме, а также переводами средств без товарного обеспечения, включая переводы процентов, дивидендов и иных доходов от инвестиций, пенсий, заработной платы.

BALANCE OF EXTERNAL TRADE — внешнеторговый баланс.

Соотношение в денежном выражении стоимости товарного экспорта и товарного импорта данной страны за определенный период, обычно за один год. Наряду с товарными, или "видимыми", статьями экспорта и импорта существуют "невидимые" статьи торговли, охватывающие сферу услуг (экспедиторские услуги, банковское дело, страхование, туризм).

Если за отчетный период стоимость экспорта превысила стоимость импорта, значит, страна располагает активным (положительным) торговым балансом. При обратном соотношении торговый баланс пассивен, т.е. налицо его дефицит.

Активное сальдо торгового баланса обеспечивает стране необходимые накопления, которые могут быть использованы для обслуживания внешнего долга, стимулирования внутреннего потребления посредством увеличения закупок по импорту, осуществления заграничных инвестиций, кредитования. Напротив, дефицит торгового баланса, особенно если он является хроническим, может вызвать сокращение валютных резервов страны, необходимость привлечения заемных средств для покрытия недостачи, сокращение импорта.

Для большинства стран торговый баланс является основным фактором, определяющим состояние платежного баланса (*balance of payments*).

BALANCE OF NATIONAL ECONOMY – баланс народного хозяйства (БНХ).

Официальный документ ООН, отражающий передовой опыт балансовой статистики, основанный на данных обязательной отчетности о хозяйственной деятельности каждого предприятия, занятого производством того или иного конкретного вида продукции.

В отличие от СНС (*System of National Accounts*) система экономических таблиц и показателей БНХ обобщает и систематизирует результаты статистического наблюдения за процессом создания, распределения и потребления лишь материальных благ. БНХ состоит из следующих разделов: материальный баланс, межотраслевой баланс, баланс национального богатства, баланс доходов и потребления населения.

Статистические показатели БНХ широко используются при международных социально-экономических сопоставлениях, осуществляемых по программе ООН.

BALANCE OF PAYMENTS (BOP) – платежный баланс.

Инструмент обобщения отчетных данных, характеризующих результаты внешнеэкономической деятельности страны за определенный период. Унифицированная методология составления платежного баланса изложена в специальном руководстве МВФ (*balance of payments manual*). Платежный баланс – это система сводных обобщающих таблиц, показатели которых позволяют сравнить общую сумму доходов, поступивших в страну из-за рубежа, с общей суммой платежей, произведенных национальными резидентами (*residents of an economy*) за границей. При балансировании внешнеэкономических доходов и платежей учитываются не только коммерческие операции, но и продажа, и покупка резервных активов, иностранная помощь и т.д.

Платежный баланс состоит из следующих разделов: счет торгового баланса, платежи и поступления по услугам; трансфертные платежи; счет движения капиталов; счет резервных операций.

Счёт торгового баланса (*balance of external trade*) предназначен для регулирования расходов на приобретение импортных товаров в соответствии с доходами от экспорта.

Платежи и поступления по услугам (*export of services*) — это балансирование выручки от реализации за рубежом услуг (туризм, страхование, банковское дело, экспедиторские услуги) с затратами на их покупку за рубежом.

Трансфертные платежи (*unilateral transfers*) — обобщение сведений о денежных средствах, переводимых за границу или получаемых резидентами страны безвозмездно, в том числе и иностранная помощь.

Счёт капитала (*capital account*) составляется с целью балансирования притока и оттока инвестиционных средств.

Счёт резервных [reserve capital account] операций фиксирует закупки и продажи международных валютных резервов (золота, твёрдой валюты, специальных прав заимствования) в масштабе государства.

BALANCE OF PAYMENTS ACCOUNT — счёт платёжного баланса.

Раздел Системы национальных счетов (СНС) (*System of National Accounts*), показатели которого характеризуют роль и значение экономических потоков, возникающих в связи с внешнеэкономической деятельностью страны в процессе создания, распределения и потребления валового национального продукта (ВНП) (*results of external transaction in statistics of gross national product*). Экономические потоки с зарубежными странами характеризуются двумя большими группами: текущие операции (*current account of the balance of payments*) и операции с капиталом (*capital transaction*).

Доходные статьи счёта: выручка зарубежных стран от продажи импортных товаров, денежные поступления в зарубежные страны в форме распределённых факторных доходов или чистых трансфертных платежей. Расходные статьи счёта: затраты зарубежных стран на приобретение отечественной экспортной продукции и чистые приобретения национальными фирмами финансовых активов из-за рубежа, превышающие сумму принятых ими финансовых обязательств за границей.

BALANCE OF PAYMENTS AND SYSTEM OF NATIONAL ACCOUNTS — платёжный баланс и Система национальных счетов.

Предметом статистического изучения платежного баланса и СНС являются одни и те же резидентные хозяйственные субъекты и виды реальных ресурсов и финансовых активов.

Однако СНС является закрытой системой. В ней регистрируются начало и конец потока товара, услуг, дохода и финансовых средств. Практически это означает, что каждая внешнеэкономическая операция учитывается как расход (использование) в одной части СНС и как приход (ресурсы) в другой части Системы национальных счетов.

Платежный баланс представляет собой открытую систему, предметом изучения которой является лишь одна сторона каждого потока. Если в СНС импорт товаров показывается одновременно как закупка по импорту в счете производства и как продажа по импорту в счете других стран мира, то в платежном балансе импорт фиксируется лишь однажды – как приобретение реального ресурса (дебет). Платежный баланс учитывает все притоки в резидентный сектор и оттоки из него.

BALANCE OF PAYMENTS MANUAL – руководство по составлению платежного баланса.

Рекомендации МВФ (*International Monetary Fund*) по составлению платежного баланса на основе единых методологических концепций и классификационных схем странам, являющимся его членами.

Пятое издание (1993 г.) методологического руководства Департамента статистики МВФ составлено с учетом положений пересмотренной Системы национальных счетов ООН, последних документов по статистике международной торговли ООН, рекомендаций Совета таможенного сотрудничества и т.д.

В руководстве излагаются методы составления балансового статистического отчета за определенный период, в котором фиксируются: а) операции с товарами, услугами и доходами между данной страной и другими странами мира; б) переходы прав собственности, изменения национальных запасов монетарного золота, финансовые требования и обязательства национальной экономики по отношению к мировому хозяйству; в) односторонние трансферты, а также контрпроводки, необходимые (с точки зрения учета) для уравновешивания проводок по тем из указанных выше операций и трансформаций, которые не компенсируются в виде взаимных зачетов.

Составление платежного баланса обеспечивает проведение статистического учета или аналитических исследований. Дебетовые и кредитовые проводки по каждому виду товаров, услуг, доходов и движению капиталов показываются раздельно, а также совокупными итоговыми показателями. Так, вместо товарного экспорта (кредит) и товарного импорта (дебет) может быть показано активное или пассивное торговое сальдо (чистый кредит или дебет соответственно).

Официальный документ Департамента статистики МВФ используется национальными статистическими службами экономически развитых государств для: выявления эффективности внешнеэкономических связей страны в соответствии с общепризнанными нормами; составления счета внешнеэкономических операций как составного раздела национального счетоводства, осуществляемого по сопоставимой с другими странами методологии (СНС ООН); выполнения информационных обязательств, обусловленных соглашением стран-членов МВФ (ст. VIII, раздел 5).

BALANCE OF PAYMENTS STATEMENT — ведомость платежного баланса.

Сводно-экономическая ведомость представляется балансовой таблицей, показатели которой позволяют сравнить общую сумму доходов, поступивших в страну из-за рубежа, с общей суммой платежей, произведенных резидентами данной страны за границей.

Конкретные экономические операции как зарегистрированная форма проявления внешнеэкономической деятельности (*recorded transaction*) в платежной ведомости учитываются в виде двух проводок, имеющих одинаковое числовое значение: кредит и дебет.

Показатели обобщенной балансовой ведомости дают статистическую оценку влияния на национальную экономику внешнеторговых сделок и международных финансовых операций. Информационной основой для ведомости платежного баланса служат отчетные данные о затратах на товары и услуги, полученные от других стран, и выручке от их продажи за рубежом, а также сведения о финансовых требованиях и обязательствах в отношении других государств.

Кредитовые проводки по экспортируемым реальным ресурсам и финансовым средствам отражают либо процесс сокращения заграничных активов, либо прирост внешней задолженности национального хозяйства. Напротив, дебетовые проводки по импортируемым финансовым средствам отражают либо прирост массы активов, либо уменьшение задолженности. Другими словами, положительный показатель (кредит) соответствует уменьшению массы активов (реальных или финансовых), а отрицательный показатель (дебет) – ее приросту.

BALANCE ON GOODS, SERVICES, INCOME AND UNREQUITED TRANSFERS – баланс товаров, услуг, доходов и односторонних трансфертов.

Счет текущих операций, позволяющий выявить величины потоков реальных ресурсов, возникающих в процессе внешнеэкономических связей национального хозяйства с зарубежными странами. Обобщает отчетную информацию о всех видах коммерческих операций, в результате которых происходит увеличение или уменьшение запасов иностранных финансовых средств того или иного государства. Отражает результаты внешнеторговых сделок в виде проводок по следующим статьям: товары, отгрузки, транспортные услуги, туризм, доходы от капиталовложений, односторонние трансферты (переводы). Результаты балансовых обобщений по этим типовым статьям имеют важное значение для регулирования торговых связей национальной экономики с зарубежными странами. Однако дефицит баланса по счету текущих операций может быть экономически оправдан для стран, импортирующих реальные ресурсы для нужд развития своего хозяйства. В то же время сальдо счета текущих операций оценивается как неудовлетворительный хозяйственный результат, если его величина меньше той, которая необходима для поддержания экспорта капитала на должном уровне. Поэтому для выработки внешнеэкономической политики необходимы также сведения балансовой статистики о предъявляемых резидентами (*residents of an economy*) финансовых требованиях и взятых ими на себя финансовых обязательствах.

BALANCE SHEET – балансовая ведомость.

В бухгалтерском учете используется для сравнительной оценки денежных ресурсов коммерческого предприятия с величиной имеющегося у него денежного долга.

В Системе национальных счетов (*System of National Accounts*) и платежном балансе (*balance of payments*) балансовая ведомость отражает финансовые активы, финансовые обязательства и изменение объема собственного капитала.

BANK — банк.

Учреждение, осуществляющее финансовое посредничество в получении финансовых средств в форме депозитов и их перераспределении путем предоставления займов, денежных ссуд, потребительского кредита. В сферу деятельности центральных банков страны входят контроль за банковскими операциями, хранение валютных резервов страны, выпуск денег в обращение и регулирование денежно-кредитной политики страны.

BANKER'S ACCEPTANCE — банковский акцепт.

Акцептованный банком переводный вексель (*bull of exchange*) или тратта (*draft*) участников коммерческих операций. Одна из форм внешнеторгового кредита.

BANKER'S BILL — банковский вексель.

Представленный трассату (*drawee*) коммерческий вексель (*commercial bill*) с приложением транспортной накладной, коносамента (*bill of lading*) или иного товаросопроводительного или товарораспорядительного документа. Как правило, банку отдается распоряжение освободить товарораспорядительный документ после акцептования (согласия на оплату) переводного векселя (*bill of exchange*) трассатом. Такая операция надежно предотвращает доступ трассата к товарораспорядительным документам до акцептования векселя (*accept*).

BILATERAL AGREEMENT — двустороннее внешнеторговое соглашение.

В сфере коммерческих воздушных перевозок — договоренность между двумя странами, устанавливающая, что воздушное судно одной страны имеет право совершать посадки на территории другой страны, а также доставлять либо вывозить из нее грузы или пассажиров.

BILATERAL RESTRAINT AGREEMENT — двустороннее соглашение о введении ограничений в сфере внешней торговли.

Соглашение (договоренность или программа) с участием правительственных органов, производителей и поставщиков товарной продукции, торговых ассоциаций или профсоюзов одной страны и аналогичных им партнеров другой страны, заключаемое с целью установления контроля или ограничений в торговле отдельными товарами.

BILL – вексель.

Ценная бумага, дающая ее владельцу право на получение указанной в этом документе суммы денег в установленный срок. Выпускается в обращение и принимается к платежу с учетом процентной ставки и срока действия.

BILL AT SIGHT – переводный вексель с оплатой по предъявлении.

Международный платежный документ, расчеты по которому производятся немедленно. Предполагается, что представление переводного векселя (*bill of exchange*) и его акцептование (*accept*) совершаются практически в одно и то же время. Если в кратчайший срок (до 5 дней) после представления документа акцептование не происходит, документ считается не принятым к оплате.

BILL OF CREDIT – кредитное письмо.

Документ, представляющий собой поручение открыть кредит указанному в нем лицу. Лицо, выдавшее письмо, является гарантом по любому кредиту, предоставленному данным способом.

BILL OF EXCHANGE – переводный вексель.

Инструмент международных расчетов, связанных с внешнеэкономическими операциями (*flow of external trade*). Представляет собой письменное безусловное оборотное платежное требование на определенную сумму денег в той или иной валюте с конкретным сроком платежа.

Подавляющая часть переводных векселей выписывается одновременно с актом продажи товаров. Такие векселя являются коммерческим документом. Будучи акцептованным (*accept*), переводный вексель становится обязательством акцептующей стороны и заносится в графу "Вексель к оплате" финансовой ведомости кредитора.

BILL OF LADING – транспортная накладная, коносамент.

Товарораспорядительный документ, удостоверяющий право держателя распоряжаться указанным грузом и получить его после завершения перевозки, а также факт, что проданный товар направлен покупателю. В силу этого коносамент представляет собой расписку перевозчика в получении груза или контракт на перевозку груза между перевозчиком и отправителем. Как правило, товаротранспортный документ составляется грузоотправителем, который представляет его перевозчику на утверждение или подпись при сдаче груза на доставку. Коносамент может быть предметом залога для получения банковского кредита.

BILL IN A SET — комплект оборотных кредитно-денежных документов.

Составляется в двух или трех экземплярах. Так, например, коносамент (*bill of lading*) на морские перевозки обычно выписывается в трех экземплярах. Использование в практике комплекта таких документов повышает гарантии сохранности расчетных средств.

BILL PAYABLE — вексель к оплате.

Сумма задолженности по акцептованным торговым векселям (*trade acceptance*), подлежащим оплате по наступлении назначенных сроков.

BLANK ENDORSEMENT — бланковый индоссамент.

Передаточная надпись (*endorsement*) на транспортной накладной, коносаменте (*bill of lading*), чеке, тратте (*draft*) или другом оборотном документе, составленном без указания лица, которому переуступается документ. Лицо, владеющее документом по бланковому индоссаменту, может передать его новому держателю простым вручением.

BLANK TRANSFER — бланковый трансферт.

Подписанный владельцем документ о передаче права собственности на именные бумаги без указания лица, которому они передаются.

BLANKET INVENTORY LIEN — право ареста всего имущества в случае неуплаты долга.

Условие при проведении финансовых операций, согласно которому кредитное учреждение получает право ареста всего имущества заемщика в случае неуплаты им долга. Поскольку право не предусматривает классификацию имущества по номенклатуре, категориям, видам и пр., заемщик может избежать ареста имущества полностью или частично.

BLOCKADA — блокада.

Система мер по отношению к какой-либо стране с целью ее внешнеэкономической изоляции от остального мира.

BLOCKED ACCOUNT – блокированный счет.

Денежные средства, удерживаемые нерезидентами на банковских счетах в стране, осуществляющей валютный контроль (*exchange control*). Могут быть переведены из страны, в которой они удерживаются, только с разрешения ее правительства.

BLOCKED EXCHANGE – блокированная валюта.

Вводимое правительственными органами валютное ограничение, запрещающее приобретение переводных векселей (*bill of exchange*), наличных денег либо оборотных средств в иностранной валюте без соответствующего на то разрешения. Препятствует вывозу из страны иностранных валютных резервов и осуществлению внешней торговли, поскольку местные импортеры не в состоянии получить в свое распоряжение валютные средства, достаточные для покрытия расходов по импорту.

В ряде случаев финансовые обязательства по импорту выполняются путем внесения в банк (*bank*) средств в национальной валюте (*currency*) на счет иностранного экспортера, который затем ожидает отмены валютных ограничений либо использует причитающиеся ему поступления на внутреннем рынке страны-импортера, например, для закупки и экспорта товаров местного производства.

BOND – облигации.

Краткосрочные и среднесрочные ценные бумаги, по которым фиксируемые и индексируемые проценты выплачиваются ежегодно в установленные сроки. Облигации являются предметом биржевых сделок. В международной финансовой статистике подразделяют государственные облигации; облигации, выпускаемые финансовыми учреждениями и коммерческими фирмами; облигации, конвертируемые на иностранную валюту.

BROAD MONEY – денежная масса в широком понимании.

В международной финансовой статистике – это наличные денежные средства, находящиеся в обращении; депозитные счета денежного рынка; сберегательные вклады; небольшие срочные вклады; взаимные фонды денежного рынка.

BRUSSELS DEFINITION OF VALUE FOR IMPORTED GOODS – брюссельское определение стоимости импортируемых товаров.

Методологические рекомендации Совета таможенного сотрудничества (СТС) по унификации методов выявления стоимостного объема товаров, ввозимых из-за границы. Эти рекомендации оформлены в виде Конвенции о стоимостной оценке товаров в таможенных целях (*The Convention on the valuation of goods for customs purposes*).

Конвенция подписана представителями стран-членов СТС в Брюсселе в 1950 г., а в 1953 г. она вступила в силу. Брюссельское определение стоимости импортируемых товаров основывается на концепции реальных денежных оценок внешнеторговых сделок [*genuine transaction values*].

В соответствии с этой концепцией, получившей всеобщее признание, стоимость товара, импортируемого для внутреннего потребления, определяется в целях сбора таможенных пошлин на основе обычных цен [*normal price*], используемых покупателем и продавцом, независимых друг от друга при осуществлении торговых операций на внутреннем рынке.

"Обычная цена" как критерий таможенной стоимостной оценки устанавливается на товары, доставленные покупателю в порт или место ввоза в страну импорта. Продавец покрывает все издержки, сборы и расходы, связанные с продажей и доставкой товара до таможенного пункта страны-покупателя. Покупатель выплачивает все пошлины и налоги, действующие в стране-импортере.

BUSINESS CYCLE — цикл деловой активности.

Конъюнктура рынка как барометр состояния хозяйства определяется расширением или сужением сферы деловой активности (*activity*).

Расширение деловой активности начинается заключением новых контрактов, повышением потребительского спроса, в результате чего происходит увеличение объема производства товаров и услуг. На определенной стадии развития экономики сфера деловой активности сужается: реже заключаются торговые сделки, уменьшается объем торговых операций, осуществляемых как в кредит, так и за наличный расчет. В результате объем производства товаров и услуг начинает сокращаться. За периодом снижения объема производства, как правило, следует длительный период застоя. Интервал времени, в течение которого сначала происходит увеличение объема производства товаров и услуг, затем снижение, депрессия и, наконец, его рост, составляет цикл развития рыночной экономики.

Иными словами, в деловых циклах четко прослеживаются два этапа развития рыночного хозяйства — подъем экономики и кризис, который неизбежно ведет к спаду рыночного объема производства.

BUSINESS CYCLE INDICATORS — индикаторы деловых циклов.

Система статистических показателей, в своей совокупности количественно характеризующая варьирование конъюнктуры рынка с целью выявления тенденции экономического процесса. При исчислении индексов деловых циклов учитывается, что экономический процесс в значительной степени находится в зависимости от экономических предпосылок.

Индексы, с помощью которых изучаются эти предпосылки при проведении циклического анализа, рассматриваются как причинные показатели вариации. Индексы, выражающие экономическое существо самого хозяйственного процесса, являются ведущими показателями вариации. Индексы, количественно характеризующие экономические явления, порожденные стихийным рыночным хозяйственным процессом на той или иной стадии его циклического развития, называются следственными показателями. Каждый из показателей, условно включенных в одну из трех этих групп, количественно характеризует лишь одну какую-либо сторону хозяйственной деятельности.

C

CALL TRANSACTION — биржевая внешнеэкономическая сделка.

Коммерческая сделка с предоставлением краткосрочного кредита, совершаемая на условиях, что заемщик по первому требованию кредитора возмещает стоимость проданного товара.

CAPITAL ACCOUNT — счет капитала.

Раздел платежного баланса (*balance of payments*), типовые статьи которого отражают изменение стоимости финансовых активов и обязательств страны в результате внешнеэкономических операций, предусматривающих переход прав собственности. Иными словами, счет капитала предназначен для выявления окончательных сводных результатов многочисленных операций с финансовыми активами и пассивами, произведенных резидентами (*residents of an economy*) и их иностранными деловыми партнерами за определенный период времени.

Типовые статьи капитала, показывающие величины активов (финансовые требования к нерезидентам) и пассивов (финансовые обязательства резидентов), классифицируются в соответствии с рекомендациями МВФ (*International Monetary Fund*) по составлению платежного баланса (*balance of payments manual*), по видам капитала (прямые инвестиции (*direct investment*), портфельные инвестиции, прочий капитал) и в соответствии с традиционным разграничением долгосрочных и краткосрочных финансовых требований и обязательств (*external transaction in financial claim*).

Проводки по статьям счета капитала осуществляются на нетто-основе, т.е. каждая операция учитывается только в графе дебета или графе кредита. Приток реальных ресурсов и приращение объема финансовых активов (или уменьшение величины финансовых обязательств) проводятся по графе дебета, а отток реальных ресурсов и уменьшение объема финансовых активов (или увеличение размера финансовых обязательств) фиксируются в графе кредита.

CAPITAL TRANSACTIONS — операции с капиталом.

В СНС (*System of National Accounts*), осуществляемой по методологии ООН, операции с капиталом обобщаются в виде показателей двух сводно-экономических балансовых таблиц: в счете накопления капиталов [capital accumulation account] и счете финансирования капитальных затрат [capital finance account]. Показатели счета накопления капиталов систематизируют сведения о валовом накоплении средств в виде прироста основного капитала; изменения стратегических запасов топлива, сырья, продовольствия; покупки земли; в форме таких нематериальных активов, как патенты и авторские права. В счете накопления капитала показываются источники финансирования валового накопления средств: сбережения, прирост фондов, амортизации основного капитала, чистый объем трансфертов капитала (объем полученных трансфертов капитала минус сумма оплаченных трансфертов капитала).

Разница между размером финансовых затрат на валовое накопление средств и величиной собственного накопления капитала представляет собой кредитование, которое учитывается в счете финансирования капитальных затрат, где оно дополняется суммой задолженностей другим секторам экономики, возникающих в связи с кредитованием в процессе формирования капитала.

Финансовые активы и пассивы при учете операции с капиталом классифицируются в зависимости от вида финансовых инструментов: валюта, переводные депозиты, краткосрочные и долгосрочные облигации и займы, корпоративные ценные бумаги и т.д.

CENTRAL BANKIG — деятельность центральных банков.

Выпуск денег в обращение, формирование денежных средств в виде депозитов финансовых учреждений, хранение валютных резервов страны, регулирование денежно-кредитной системы страны.

CENTRAL PRODUCT CLASSIFICATION — классификация основных продуктов.

Стандартная классификация ООН предназначена для унификации экономического содержания товарных групп, статистические сведения о которых собираются для выявления состояния оптовой, розничной торговли, определения объема таможенных операций, составления платежного баланса, ведения национального счетоводства. Рекомендации предусматривают единые принципы классификации не только продуктов как объектов коммерческих операций на внутреннем и внешнем рынке, но и материальных, и финансовых активов, патентов, лицензий, авторских прав.

Стандартная международная классификационная система состоит из 21 раздела, подразделяемого на 96 классов, 930 подгрупп и 1241 позицию на уровне четырехзначных кодов.

CENTRAL TENDENCY OF FREQUENCY DISTRIBUTION — центральная тенденция проявления признака в ряде распределения.

Проявление совокупного признака в процессе международного статистического обследования в виде случайных величин. Центральная точка варьирования индивидуального признака как переменной величины математически выражается интегралом, т.е. средней.

CERTIFICATE OF DEPOSIT — сберегательный сертификат.

Документ, свидетельствующий о вкладе в банк определенной денежной суммы. Сертификат удостоверяет право владельца этих средств на получение по истечении установленного срока как самого вклада, так и процентов в соответствии с его величиной и сроком хранения.

CHANCE FLUCTUATION OF SAMPLING — варьирование случайной величины в выборочной совокупности.

Закономерности ряда распределения, используемые для выявления степени достоверности международного индекса, построенного на основе информации об индивидуальных ценах единого для сравниваемых стран набора товаров-представителей. Соотношения индивидуальных цен группируются в зависимости от их относительных величин и частоты проявления. Ряд распределения, построенный на основе большого числа такого наблюдения, свидетельствует о том, что индивидуальный признак повторяется с определенной закономерностью. Частота проявления случайной величины (индивидуального индекса) возрастает до определенного ее значения, а затем начинает уменьшаться. Центральной точкой концентрации случайных величин является их средняя.

Ряд распределения с математической точки зрения представляет собой симметричную функцию. В вариационном ряду, описываемом этой функцией, противоположные отклонения вариантов от их математического ожидания взаимно погашаются. Однако при обобщении данных даже большого числа статистических наблюдений в виде ряда распределений экспериментальная средняя как точка концентрации случайных величин значительно отличается от их математического ожидания; ее принято рассматривать как теоретическую среднюю. Оценки, производимые с учетом законов вариации, позволяют выявить степень "скошенности" экспериментального ряда распределения, а следовательно, определить величину погрешности исчисления показателя типичного вариационного признака — международного индекса цен — по данным выборочного наблюдения.

CHANGE OF OWNERSHIP — переход прав собственности.

Отражение в отчетных документах момента физического перемещения товаров через государственную (таможенную) границу. Так, при составлении платежного баланса (*balance of payments*) торговая сделка, предусматривающая переход прав собственности на движимое имущество, учитывается по времени ее регистрации в виде бухгалтерской проводки.

CHEQUE — чек.

Письменное распоряжение банку от владельца, имеющего там счет, выплатить предъявителю этого документа указанную сумму.

C.I.F. (COST, INSURANCE, FREIGHT) VALUE — стоимостная оценка импорта на условиях СИФ (стоимость, страхование, фрахт).

Расчетная величина стоимости импортных операций. Исчисляется на основе покупной цены и включает все расходы по фрахту, страхованию и пр. (за исключением ввозной пошлины), обусловленные доставкой товара из страны-экспортера и размещением его у борта судна в первом импортном порту. Если акт купли-продажи совершается между связанными друг с другом сторонами, то покупная цена, служащая базой для оценки на условиях СИФ, определяется исходя из того, что партнеры по сделке (продавец и покупатель) совершенно независимы друг от друга.

CLASSES OF FINANCIAL INSTRUMENT IN SNA — категории финансовых средств СНС.

В СНС (*System of National Accounts*) выделены следующие категории финансовых средств, учитываемых в виде активов и пассивов: валюта и переводные депозиты (вклады); прочие депозиты (вклады); краткосрочные векселя и облигации; долгосрочные облигации; краткосрочные займы и ссуды, не указанные особо; долгосрочные займы и ссуды, не указанные особо; коммерческие (торговые) кредиты и авансы; чистая сумма долевых средств домашних хозяйств в резервах компаний по страхованию жизни и в пенсионных фондах; прочие счета к получению (оплате); обыкновенные акции (долевые средства) корпораций; чистая сумма вкладов (долевых средств) предпринимателей в накоплении предприятий.

CLASSIFICATION OF EXTERNAL TRANSACTION IN BALANCE OF NATIONAL ECONOMY — классификация внешнеэкономических операций, учитываемых в балансе народного хозяйства (БНХ).

В БНХ (*Balance of National Economy*) группировка операций осуществляется в соответствии с критерием, определяющим сферу материального производства. Внешнеторговые сделки (*flow of external trade*) объединяются в две группы: 1) экспорт и импорт товаров и услуг материального производства, вывоз и ввоз золота и драгоценных металлов в качестве платежного средства, безвозмездная материальная помощь; 2) экспорт и импорт услуг нематериального характера, иностранный туризм, деятельность, связанная с содержанием дипломатических и других официальных представительств, международные членские взносы, штрафы, переводы по капиталовложениям.

CLASSIFICATION OF EXTERNAL TRANSACTION IN SNA — классификация внешнеэкономических операций, учитываемых в СНС.

В счете СНС "Зарубежные страны" (*rest of the world account*) внешнеэкономические операции классифицируются по категориям: текущие поступления, текущие выплаты, финансирование капитального строительства за рубежом за счет национальных средств, финансирование капитального строительства внутри страны из зарубежных источников, привлечение финансовых активов из-за рубежа и финансовые обязательства страны.

"Текущие поступления" — это экспорт товаров, уменьшающих национальные материальные ресурсы; выручка от продажи услуг на внешнем рынке; заработная плата от продажи на внешнем рынке труда национальной рабочей силы, т.е. доход, поступающий в страну из зарубежных источников; прочие текущие трансферты из зарубежных стран.

К категории "Текущие выплаты" относятся: импорт товаров, увеличивающих национальные материальные ресурсы; услуги, покупаемые на внешнем рынке; оплата иностранных специалистов, работающих по найму внутри страны, т.е. заработная плата, переводимая в другие страны; доход от иностранного предпринимательства внутри страны, т.е. доход, переводимый в зарубежные страны; прочие текущие трансферты в зарубежные страны. В разделе "Привлечение финансовых активов из-за рубежа в финансовые обязательства страны" статьями являются: наличные деньги и переводные вклады, краткосрочные векселя и облигации, долгосрочные облигации, акции корпораций, краткосрочные займы, долгосрочные займы, торговые кредиты и авансы.

CLEAN BILL — чистый вексель.

Переводный вексель (*bill of exchange*), к которому не приложены сопроводительные документы (транспортная накладная, коносамент и т.д.).

CLEARANCE THROUGH CUSTOMS FOR HOME USE — очистка от таможенных формальностей.

Принятая в международной практике упрощенная формулировка системы таможенных операций, в зависимости от выполнения которых внешнеторговые сделки относятся к категории специализированной или общей торговой системы.

Очистка от таможенных формальностей — это не только выполнение таможенных процедур, но и выплаты как таможенных пошлин, так и импортных налогов. Ввезенные из-за рубежа товары, за которые уплачены импортные пошлины и налоги, поступают на внутренний рынок на тех же условиях, что и отечественные продукты и изделия. Внешнеторговый поток, очищенный таможенными операциями от отклонений внешнего рынка, называется "товары для использования или потребления в импортирующей стране".

COMMERCIAL BILL — коммерческий вексель. Переводный вексель (*bill of exchange*), используемый как расчетный документ при продаже или покупке конкретных товаров за границей.

COMMERCIAL FREE ZONE — зона, свободная от таможенного контроля.

Часть территории государства, на которой любые материальные ценности, являющиеся предметом внешнеторговых сделок, не подлежат таможенному контролю и не облагаются импортными пошлинами и сборами. За импортно-экспортными товарами в свободной зоне осуществляется лишь таможенный надзор. Для ввоза товара в свободную зону не требуется таможенной декларации.

Коммерческая свободная зона создается в целях поощрения внешнеторговой деятельности в условиях значительных национальных различий в системах таможенных процедур, предусматривающих сбор налогов и пошлин. В такой зоне создаются условия лишь для сохранения потребительских свойств импортно-экспортных товаров. В промышленной свободной зоне товары могут подвергаться обработке или на их основе изготовляться новые изделия и продукты.

COMMODITIES — товары.

Продукты и услуги, предназначенные для продажи на рынке по цене, покрывающей их издержки производства. К этой категории в СНС (*System of National Accounts*) относятся продукты и услуги, созданные в коммерческих целях не только отечественными отраслями экономики, но и импортные товарные поставки, а также та часть валового выпуска государственных услуг и услуг частных некоммерческих учреждений для домашних хозяйств, которая реализуется на условиях, характерных для продажи товаров.

CONCEPT OF AN ECONOMY OF BALANCE OF PAYMENTS — понятие национальной экономики в платежном балансе.

Национальная экономика — это совокупность хозяйственных единиц (правительство, физические лица, частные бесприбыльные организации, предприятия, фирмы, компании), деятельность которых в преобладающей части осуществляется на территории страны. Платежный баланс данного национального хозяйства учитывает операции хозяйственной единицы отечественной экономики (*resident entity*) с остальными странами мира, если эта единица является резидентом указанного национального хозяйства, или операции экономической единицы с данным национальным хозяйством, если эта единица не является его резидентом. Использование двойной системы проводок исключает возможность возникновения каких-либо несоответствий в балансовой ведомости (*balance of payments statement*) из-за разночтений в трактовке общей концепции резидентства или статуса отдельных экономических единиц.

CONCEPT OF EXTERNAL DEBT — значение показателя "внешняя задолженность".

Международное обязательство, выраженное финансовым средством (*financial instruments in SNA and BOP*) или его официальным эквивалентом. Внешняя задолженность как экономическое явление возникает лишь при законтрактованных кредиторско-дебиторских отношениях между странами.

Заграничные пассивы, возникающие в результате внешней задолженности того или иного государства, представляют собой обязательства резидентов (*residents of an economy*) по отношению к нерезидентам. Они могут быть в форме любых финансовых средств, за исключением золота и специальных прав заимствования (*special drawing rights – SDR*).

CONCEPT OF SERVICES IN INTERNATIONAL TRADE STATISTICS — концепция услуг в статистике внешней торговли.

Руководство МВФ (*International Monetary Fund*) по составлению платежного баланса (*balance of payments manual*) рекомендует приводить статьи внешней торговли, учитываемые статистикой, в полное соответствие с определением товаров и услуг в СНС (*System of National Accounts*). Услуга как объект внешней торговли — это вид экономической деятельности, в результате осуществления которой происходит физическая трансформация определенных товаров. В этом случае характер самого производственного процесса в сфере услуг может не отличаться от производственных процессов, используемых при производстве самих товаров. В отличие от товаров услуги нельзя производить изолированно, а затем продавать зарубежным хозяйственным единицам, которые в конечном итоге являются их потребителями.

Услуги должны предоставляться непосредственно потребителям в момент их производства. Международная торговля услугами происходит в том случае, когда национальная хозяйственная единица оказывает услугу ненациональной хозяйственной единице (и наоборот). Производитель услуг международной торговли и иностранный потребитель ее должны вступить в контакт друг с другом. Услуги внешней торговли в ряде случаев как результаты экономической деятельности являются неосязаемыми и невидимыми.

Внешнюю торговлю услугами можно представить пятью основными категориями: услугами, связанными с товаром (обработка, ремонт, распределение, перевозка, перепродажа, брокерские операции); финансовыми услугами (страхование, банковские операции); услугами торгово-промышленного характера (научно-исследовательские, проектно-изыскательские, вычислительные работы); персональными услугами (пассажирский транспорт, здравоохранение, отдых, развлечение); услугами государственной службы (оборона и т.д.).

CONCEPTUAL FRAMEWORK OF BALANCE OF PAYMENTS – основные методологические концепции платежного баланса.

Экономическое содержание отдельных частей, разделов и всего платежного баланса государства определяется унифицированной номенклатурой типовых статей. Каждая типовая статья отражает в сводном виде результаты определенной группы сходных по своему хозяйственному назначению внешнеэкономических операций. Она является своеобразным компонентом отчетной балансовой ведомости. Компоненты, объединенные в классы по тому или иному экономическому признаку, представляют собой счет, который строится по принципу двойной записи. При наиболее высоком уровне агрегирования стандартных компонентов платежный баланс может быть представлен в виде двух взаимосвязанных счетов: счета текущих операций и счета капитала. Счет текущих операций платежного баланса обобщает статистические сведения о внешнеэкономической деятельности: межстрановое движение товаров, оказание услуг, распределение факторных доходов, денежные переводы, потоки трансфертов. Показатели счета капитала предназначены для статистической оценки внешнеэкономических операций, в результате которых происходит изменение в зарубежных финансовых активах и пассивах.

Иностранные финансовые активы страны — это финансовые требования к нерезидентам, запасы золота, иностранной валюты, специальных прав заимствования. Иностранные финансовые пассивы страны — это ее долги перед нерезидентами.

CONSTRACTION ABROAD — строительство за границей. Руководство МВФ (*International Monetary Fund*) по составлению платежного баланса (*balance of payments manual*) рекомендует рассматривать выполнение строительными предприятиями одной национальной экономики работ по возведению зданий и сооружений на территории другой национальной экономики как прямые инвестиции (*direct investment as component of capital account*).

CONSUMER INSTALLMENT CREDIT — потребительский кредит.

Краткосрочные и среднесрочные кредиты, предоставленные отдельным лицам для покупки потребительских товаров и услуг или уплаты долгов по невыплаченному кредиту. Подлежит погашению в рассрочку в установленные сроки.

CONSUMER PRICE INDEX — индекс потребительских цен.

Показатель международной статистики цен (*international price statistics*), отражающий изменение стоимости приобретения корзины товаров и услуг средним потребителем. Часто рассматривается как показатель инфляции (*inflation*). В международных рекомендациях по исчислению индекса потребительских цен указывается на особое значение отбора товаров, имеющих наиболее широкий спрос у населения, и выявление структуры фиксированного набора товаров и услуг, приобретаемых средним потребителем. Сведения, полученные в результате выборочных обследований семейных бюджетов населения, необходимы для определения среднеарифметической величины, характеризующей в агрегатной форме изменение уровня цен всей совокупности конкретных товаров и услуг.

CONSUMPTION OF FIXED CAPITAL — потребление основного капитала.

Полезное использование зданий, сооружений, оборудования в процессе производства товаров и услуг. Основные фонды по мере их эксплуатации изнашиваются. Помимо физического износа происходит и моральное старение. Поэтому регулярно за счет выручки от реализации товаров и услуг производятся соответствующие отчисления в амортизационный фонд, предназначенный для поддержания основных фондов на соответствующем техническом уровне. Потребление основного капитала определяется путем сравнения его начальной и конечной величины, исчисленной в одних и тех же ценах с учетом закупок, продаж и потерь основных фондов в результате стихийных бедствий.

CONTRABAND — контрабанда.
Товары, не подлежащие ввозу в данную страну и подверженные запрету со стороны таможенных властей этой страны. К лицам, пытающимся осуществить провоз через таможню таких товаров, наряду с конфискацией этих товаров могут применяться гражданские или уголовные наказания.

CONTRACT DEMURRAGE — плата за контрактный простой.
Убытки, предусмотренные договором о морской перевозке груза (*contract of affreightment*). Выплачиваются фрахтователем владельцу судна за задержку транспортного средства сверх времени, предусмотренного контрактом. Плата за простой, оговоренная в контракте, определяется в расчете на один час или день задержки судна.

CONTRACT OF AFFREIGHTMENT — договор о морской перевозке груза (фрахтовании).
Заключаемый между грузоотправителем и транспортной компанией договор (контракт), определяющий условия доставки партии груза. Обычно подтверждается товарной накладной (*bill of lading*), в которой содержатся условия перевозки, включая обязательства перевозчика на случай утраты или повреждения груза, описание груза, пункт назначения, координаты получателя и прочие детали.

CONVENTIONAL INTERNATIONAL LAW — международное договорное право.
В отличие от международного права, обусловленного традициями и сложившейся практикой, международное договорное право основано на международных официальных соглашениях.

CONTRACT RATE — контрактная ставка.
В морском судоходстве — фрахтовая ставка, применяе-

мая в отношении товаров, отгружаемых фирмой, которая заключала ограничительный контракт [exclusive patronage contract] с картелем судовладельцев. В соответствии с этим контрактом грузоотправитель обязуется пользоваться только судами картеля и ему предоставляются льготные фрахтовые ставки.

CONVENTIONAL DUTY — договорная пошлина.

Таможенная пошлина или ставка таможенной пошлины, устанавливаемая в соответствии с международным соглашением. Следует отличать от автономной пошлины, устанавливаемой страной самостоятельно, независимо от каких-либо международных документов.

CONVENTION ON INTERNATIONAL TRADE IN ENDANGERED SPECIES OF FLORA AND FAUNA — Конвенция по международной торговле исчезающими видами флоры и фауны.

Многостороннее соглашение, призванное поставить под жесткий контроль международную торговлю растениями и животными, находящимися под угрозой исчезновения. Исчезающие виды растительного и животного мира подразделены на три категории: находящиеся на грани полного исчезновения (полностью исключены из сферы международной торговли); подверженные опасности, но не находящиеся на грани неизбежного исчезновения (торговля ими ограничивается разрешением страны-экспортера); виды, которым хотя и не грозит исчезновение во всемирном масштабе, но существует опасность на местном или региональном уровне. Страна—участник конвенции указывает, что необходимо включить в запретительный перечень, призывая тем самым правительства других стран обеспечить запрет на неограниченную торговлю этими видами.

CONVERTIBILITY — обратимость валюты.

Возможность обмена валюты (национальных денежных знаков и их заменителей) одной страны на валюту другой страны при текущих внешнеэкономических расчетах. Наиболее благоприятны условия для такого обмена, когда нерезиденты данной страны имеют возможность свободно купить и продать валюту без каких-либо ограничений со стороны правительства этой страны. В этом случае обмениваемая валюта относится к категории конвертируемой (*convertible currency*). Валюта, которая не может свободно покупаться и продаваться, является неконвертируемой.

CONVERTIBLE CURRENCY – конвертируемость валюты.
Свободный обмен в процессе внешнеэкономической деятельности национальных денежных знаков на иностранные денежные единицы в соответствии с официальным валютным курсом.

COST OF LIVING INDEX – индекс стоимости жизни.
Относительный показатель, характеризующий изменение как стоимости набора товаров и услуг наиболее массового спроса (*consumer price index*), так и объема субсидий и дотаций к ценам с целью сохранения приемлемого для домашнего хозяйства уровня потребления в условиях инфляции.

COSTING AGREEMENT – соглашение об учете.
Соглашение между фирмами, занятыми в одной отрасли, об обмене информацией об издержках производства либо применении единообразных методов бухгалтерского учета. Соглашение направлено на стандартизацию калькуляции издержек в отрасли, что способствует уменьшению конкуренции.

COUNTRY'S PRICE LEVEL – уровень цен страны.
Отношение паритета покупательной способности валют к официальному банковскому курсу. Уровень цен страны считается низким, если паритет покупательной способности валют меньше официального банковского курса, и, наоборот, высоким, если паритет покупательной способности валют больше официального банковского курса.

CREDIT GRANTING – предоставление кредита.
Финансовое посредничество, связанное с выделением долгосрочных займов производителям промышленной продукции, кредитованием покупок домов специальными учреждениями, предоставлением потребительского кредита.

CULTURAL ADIAPHORA – вежливый нейтралитет.
Манера поведения и деловая этика, согласно которым иностранец в период пребывания в зарубежной стране может по своему выбору соблюдать (или не соблюдать) обычаи и традиции этого государства, не нанося оскорбления его жителям. Например, бизнесмен-европеец, будучи в Японии, может вместо рукопожатия поклониться своему коллеге-японцу.

CULTURAL EXCLUSIVE — вежливое исключение.

Принятые в данной стране манеры и обычаи, которых не следует придерживаться иностранцу. Например, западному бизнесмену, находящемуся в Саудовской Аравии, настоятельно посоветуют не надевать арабскую национальную одежду.

CURRENCY — наличные деньги.

Средство денежного обращения в наличной форме — банкноты (*notes*), монеты (*coins*) и денежные заменители.

Наличные деньги, находящиеся в обращении, международная финансовая статистика делит на две группы: национальные деньги (*national currency*) и наличные деньги зарубежных стран (*forein currency*).

Национальные наличные деньги — это средство платежа, предоставляемое отечественным центральным банком резидентам своей страны.

Наличные деньги иностранного государства — это платежное средство, которым центральный банк иностранного государства обеспечивает своих резидентов.

Денежные единицы, используемые внутри страны как платежное и покупательное средство, а также как соизмеритель стоимости, относятся к категории "валюта", что означает цену или стоимость. Этот термин используется также для обозначения денежных знаков зарубежных государств, а также кредитных и платежных документов, выраженных в иностранных денежных единицах.

При международных сопоставлениях производится различие между понятиями "обменный валютный курс" (*currency exchange rate*) и "паритет покупательной способности валюты" (*purchasing power parities – PPP*).

CURRENCY CONVERTIBLE IN FACT — фактически конвертируемая валюта.

Национальная валюта, которая может быть использована при осуществлении частных платежей и расчетов, в отличие от искусственной валютной единицы (например, специальных прав заимствования), используемой только правительственными органами при официальных операциях или для пополнения резервов.

CURRENCY RATION — коэффициент использования денежных средств.

В международной финансовой статистике используется для выявления относительной величины банкнот, чеков и прочих денежных заменителей, используемых при финансовых сделках, по сравнению с финансовыми операциями в форме краткосрочных вкладов. Исчисляется как отношение количества денег, находящихся в обращении, ко всей денежной массе категории M_1 (*money*).

CURRENCY RISK — валютный риск.
Экономический риск, предпринимаемый кредитором или продавцом, задолженность которому должна быть выплачена в иностранной валюте. При переводе этой валюты в национальную он понесет убыток (в национальной валюте), поскольку курс иностранной валюты понижается еще до оформления долгового обязательства.

CURRENT ACCOUNT — счет текущих операций.
Раздел платежного баланса (*balance of payments*), статьи которого предназначены для обобщения сведений о внешнеэкономических операциях, осуществленных на условиях, принятых в международной практике сделок без отсрочек платежей и не предполагающих предоставление или привлечение средств в иностранной валюте в кредитной форме. В счете балансируются доходы и расходы, связанные с экспортом и импортом продуктов и услуг, потоки доходов, как получаемых национальной экономикой, так и выплачиваемых резидентами других стран.

При статистической оценке платежей за границу и поступлений средств из других стран без товарного обеспечения (зарплата, проценты, дивиденды) учитываются также трансферты (*transfers*).

CURRENT ACCOUNT BALANCE AFTER OFFICIAL TRANSFERS — баланс счета текущих операций, включая официальные трансферты.
Показатель статистики платежного баланса (*balance of payments*), составными компонентами которого являются: сальдо внешней торговли товарами и услугами; чистая величина внешнеэкономического дохода от инвестиционного, банковского капитала и труда; размер финансовых и товарных поступлений из-за рубежа без какой-либо компенсации.

CURRENT ACCOUNT BALANCE BEFORE OFFICIAL TRANSFERS — баланс счета текущих операций без официальных трансфертов.

Показатель статистики платежного баланса (*balance of payments*), выражающий разницу между объемом экспорта и импорта товаров и услуг, а также поступлением в страну валютных средств и валютных платежей за границу в форме дивидендов, чистого процента, рентной и заработной платы. Этот показатель в отличие от балансового итога по счету текущих операций не учитывает иностранную помощь и безвозмездные финансовые ассигнования зарубежных государств и международных организаций на экономическое развитие страны.

CURRENT ASSETS — оборотные средства.

Показатель бухгалтерского учета, характеризующий величину денежных средств, полученных за реализацию товаров и услуг, и размер товарно-материальных запасов.

Товарно-материальные запасы — это часть имущества, которая предназначена для продажи в процессе обычной коммерческой деятельности или же находится в стадии производства с целью такой продажи.

CUSTOMS COOPERATION COUNCIL (CCC) — Совет таможенного сотрудничества (СТС).

Международная организация, созданная в целях стандартизации лишь таможенных операций, исключая процедуры, связанные со сборами и тарифами на экспортно-импортную продукцию.

Основные направления деятельности Совета таможенного сотрудничества определяются конвенциями, вступившими в силу в начале 50-х годов:

Конвенция о стоимостной оценке товаров в таможенных целях [*The Convention on the valuation of goods for customs*];

Конвенция об определении номенклатуры товаров как их классификации для установления таможенных тарифов [*The Convention on nomenclature for classification of goods in customs tariffs*];

Конвенция о создании постоянного Совета таможенного сотрудничества [*The Convention establishing a permanent customs cooperation council*].

Методологические документы по таможенному сотрудничеству принимаются на заседаниях Комитета по номенклатуре товаров, используемой при установлении таможенных тарифов; Комитета по гармонизированной системе описания и кодирования товаров; Комитета по оценке товаров в таможенных целях.

Отчеты о деятельности комитетов и доклад генерального секретаря о деятельности совета обсуждаются на сессиях СТС, в работе которых участвуют делегации стран-членов СТС, возглавляемые руководителями национальных таможенных служб. В настоящее время членами Совета таможенного сотрудничества (СТС) являются более 100 государств мира.

Расширение и углубление внешнеторговых связей обусловливают необходимость периодического пересмотра международных стандартов таможенных операций. Результаты последней такой ревизии были оформлены официальным документом, являющимся приложением к соглашению 1973 г. (*Kyoto Convention*).

В этом приложении (*Customs valuation agreements*) изложены методологические принципы, которыми руководствуются национальные таможенные службы при определении стоимости товаров, вывезенных из-за рубежа для внутреннего потребления, внутренней переработки и в зоны свободной торговли.

В соответствии с токийским соглашением создан технический совет по надзору за соблюдением единых правил таможенной оценки ввозимых товаров, предусмотренных Генеральным соглашением по тарифам и торговле (*General Agreement on Tariffs and Trade*).

CUSTOMS DECLARATION — таможенная декларация.
Официальное заявление участника внешнеторговых сделок о товаре, пересекающем государственную границу, сделанное по форме, утвержденной таможенными властями в соответствии с правовыми процедурами, действующими в этой стране. Порядок декларирования товаров, ввозимых или вывозимых из страны, устанавливается с учетом национальных особенностей государственного регулирования внешнеэкономической деятельности и обеспечения условий для сбора пошлин, налогов.

Грузовая таможенная декларация заполняется на каждую партию товаров, перемещаемых через государственную границу, участниками внешнеторговых операций независимо от их резидентства, юридического статуса, местоположения, пользования таможенными льготами. Указываются вид внешнеторговой операции (экспорт или импорт), наименование товара, торгующая страна, страна назначения, валюта и общая фактическая стоимость товара и т.д.

Является основным документом для получения налога на импорт и экспорт и проверки правильности перевода денежных средств за границу в соответствии с контрактами о внешнеторговых сделках.

CUSTOMS DISTRICT FOR IMPORTS — таможенный участок для импортных поставок. По всем импортным поставкам (независимо от способа транспортировки) товары показываются как ввезенные на таможенный участок для импортных поставок. Таможенный участок представляет собой место, где товары подвергаются таможенной очистке для дальнейшего прохождения по каналам потребления или поступления на таможенные склады. Этот участок может не являться пунктом прибытия товара на территорию страны или пунктом конечного назначения. Почтовые импортные поставки приписываются к тому пункту, где совершается оформление заявления о прибытии импортного товара. Поставки, приписанные к так называемым внутренним участкам, представляют собой товары, доставленные в эти пункты воздушным транспортом или вышедшие из-под надзора таможни в таких участках после перевозки их туда под таможенную закладную из пограничного пункта или морского порта.

CUSTOMS DUTIES — таможенные пошлины.

Обязательные налоги на товары, ввозимые в страну или вывозимые за ее пределы. Система установленных пошлин, взимаемых с товаров, перемещающихся через границу, является таможенным тарифом.

Цель внешнеторгового налогообложения — увеличение государственных доходов. В развитых странах таможенные пошлины являются одним из источников поступления денежных средств в бюджет. Однако ставки пошлин, взимаемых в соответствии с таможенным тарифом, в большей мере выполняют функции экономического воздействия на объем и товарную структуру импорта.

CUSTOMS FRONTIER — таможенная граница.

Обозначение территории, на которой действуют таможенные законы данной страны. Таможенной территорией (*customs territory*) не являются зоны свободной торговли (*free zones of external trade*).

CUSTOMS TERRITORY – таможенная территория.
Географический район страны и прилегающие к нему воды, в пределах которых таможенные органы уполномочены осуществлять контроль и облагать пошлинами поступающие туда из-за границы товары. Таможенная территория не всегда соответствует всей географической территории, над которой установлен суверенитет данного государства (*customs frontier*).

CUSTOMS TRANSIT – таможенный транзит.
Условие перевозки грузов, при котором товар следует транзитом через таможенную территорию (*customs territory*) данного государства без прохождения обычных таможенных формальностей. Товар, прибывший на указанных условиях, оформляется транзитным ввозом. При этом таможне представляется соответствующая заявка, в которой указываются пункт назначения, вид товара, его объявленная стоимость, расписка или иное финансовое обязательство о последующей уплате налогов и пошлин, а также другая необходимая информация.
Обычно используется при доставке товаров из порта прибытия в один из пунктов на внутренней территории страны, в котором и осуществляется очистка груза от таможенных формальностей (*clearance through customs for home use*).

CUSTOMS UNION – Таможенный союз.
Межгосударственное формирование, в рамках которого значительно снижены тарифы на провоз товаров в пределах стран-участниц союза и установлен общий таможенный тариф, обеспечивающий единообразные для всех членов условия приема товаров из прочих государств. Таможенный союз – более высокая ступень экономической интеграции по сравнению с зоной свободной торговли (*commercial free zone*), но уступающая общему рынку.

CUSTOMS VALUATION – таможенная оценка.
Определение таможней стоимости ввозимых товаров для последующего обложения их пошлиной. Обычно для прове-

дения таможенной оценки достаточно располагать сведениями о закупочной цене товара, подтверждением которой служит счет-фактура поставщика. При отсутствии счета-фактуры или сомнениях в его достоверности таможенные власти используют экспертную оценку. Конечную стоимость определяют путем сопоставления с аналогичными товарами, производимыми в той же стране.

CUSTOMS VALUATION CODE — система правил таможенной оценки.

Единая система определения стоимости ввозимых в страну товаров для последующего обложения их таможенной пошлиной. Предусматривает определение стоимости: 1) прямым способом — учитываются фактическая цена приобретаемого товара с поправкой на расходы по упаковке, комиссионные отчисления на закупку и продажу, а также отдельные затраты, понесенные покупателем и не включенные в продажную цену; 2) косвенным способом — по результатам коммерческой сделки, предметом которой является идентичный или аналогичный товар, доставленный из той же страны-экспортера; 3) калькуляционным способом — на основе издержек производства, прибыли и косвенных расходов.

CUSTOMS WAREHOUSE — таможенные склады.

Выделенное в соответствии с национальным законодательством место на территории страны, где под таможенным контролем хранятся товары без уплаты импортных налогов. Импортер, поставивший в ту или иную страну иностранный товар, не всегда готов по коммерческим соображениям в полном объеме направить свою продукцию на внутренний рынок этой страны для оптовой или розничной торговли или не в состоянии в данный момент уплатить причитающиеся таможенные пошлины и сборы.

На таможенные склады сдаются также экспортные товары, за которые при экспорте могут выплачиваться импортные сборы и пошлины.

D

DEBT — внутренний долг, внешняя задолженность.

Внутренний долг (*national debt*) — бюджетный дефицит (превышение бюджетных расходов над бюджетными доходами). Задолженность частного нефинансового сектора национального хозяйства проявляется в виде невыплаченного кредита, а также в форме корпоративных облигаций, закладных и коммерческих ценных бумаг, банковских акцептов и других долговых обязательств. Внешняя задолженность (*external debt*) — это долг нерезидентам, который должен быть выплачен иностранной валютой, экспортом товаров и услуг или за счет нового кредита за рубежом.

DEBT MONETIZATION — превращение долговых обязательств в наличные деньги.

Увеличение денежной массы в обращении посредством выпуска государственных долговых обязательств, которые могут быть превращены в наличные деньги независимо от того, в каком виде они выпускаются казначейством (облигации или казначейские векселя).

DEBT NATION — страна-дебитор, страна-должник.

Государство, чьи долговые обязательства иностранным контрагентам превышают сумму его финансовых требований к зарубежным странам.

DEBT SERVICE OBLIGATION — обязательства по обслуживанию долга.

Иностранный кредитор, предоставляя той или иной стране определенную денежную сумму в рассрочку, определяет для заемщика условия и сроки возвращения основного долга, а также величину и порядок выплаты процентов по оставшемуся долгу.

DEBT SERVICE RATION — ставка обслуживания внешнего долга.

Отношение (доля) экспортных поступлений какой-либо страны, предназначенных для погашения внешнего долга и уплаты процентов по финансовым обязательствам иностранным контрагентам, к общей величине валютной выручки от продажи на мировом рынке ее товаров.

DEDICATED TO SINGLE-USE TEST — таможенно-тарифная оценка с применением критерия однозначного использования.

Принцип, закрепленный таможенными правилами и определяющий, что тарифная позиция, соответствующая данному конечному продукту, может применяться и в отношении незаконченного изделия, если оно не может быть использовано ни в каких иных целях, кроме доведения до степени конечного продукта.

DEFENCE EXPENDITURES — расходы на оборону.

В Программе международных сопоставлений (*International Comparison Programme*) расходы на оборону рассматриваются как одна из статей коллективного потребления. К этой категории конечных расходов относятся капитальные вложения в строительство объектов военного назначения и жилых домов для военнослужащих; приобретение военной техники; текущие затраты на эксплуатацию и ремонт военной техники, содержание армии; научно-исследовательские работы в военной области; обучение резерва военнослужащих, проведение военных учений; выплата пенсий и пособий военнослужащим и вольнонаемному персоналу; военная помощь другим странам.

DEFERRED PAYMENT CREDIT — аккредитив с отсрочкой платежа.

Аккредитив (*letter of credit*), в соответствии с которым деньги выплачиваются бенефициару (получателю) по прошествии некоторого времени с момента его предъявления.

DEFLATIONARY GAP — дефляционный разрыв.

Разница между фактической суммой накоплений в национальном масштабе и суммой накоплений для поддержания полной занятости. С течением времени недопотребление, обусловленное неполной занятостью, вызывает общее падение цен, снижающее, в свою очередь, прибыль. С другой стороны, падение цен стимулирует потребление, увеличивая тем самым прибыль (соответственно накопление), и восстанавливает необходимое равновесие.

DELAYED PAYMENT CREDIT — аккредитив с задержкой платежа.

Аккредитив (*letter of credit*), по которому получатель (бенефициар) предъявляет тратту (*draft*), предварительно представив отгрузочную или иную документацию. Тратта на предъявителя обычно представляется через заранее оговоренное количество дней с момента представления отгрузочной документации. Используется, как правило, при расчетах по сделкам, в рамках которых продавец осуществляет финансирование в течение девяти или более месяцев.

DELIVERY ORDER — распоряжение на поставку.

Письменные инструкции, передаваемые владельцем товара или его уполномоченным держателю товара и указывающие, что товар должен быть выдан со склада или отгружен какой-либо третьей стороне.

DEMAND BILL — предъявительский вексель.

Переводный вексель (*bill of exchange*) или тратта (*draft*), оплачиваемые по предъявлении.

DEMAND DEPOSITS — депозиты до востребования.

Вклады в банки, которые можно получить немедленно по требованию клиента. Выплаты производятся наличными деньгами, чеками или другими платежными средствами.

DEMONETIZATION — демонетизация.

Предпринимаемый правительственным органом акт лишения валюты ее законного статуса. Например, изъятие из оборота золотых и серебряных монет.

DEPOSIT — депозит.

Вклады домовладельцев, нефинансовых учреждений и организаций в сберегательные банки. Сбережения в банках, выплачиваемые по первому требованию их владельцев, называются переводными депозитами (*transferable deposit*). Этот вид депозитов является одной из форм денег, находящихся в обращении, или денег в узком понимании (*narrow money*).

DEPRECIATION (MONETARY) — обесценение денег.

Падение стоимости денег. Проявляется в двух формах: внутреннее обесценение — снижение покупательной способности денег на внутреннем рынке (например, покупка в текущем году на 110 дол. такого же количества товаров, что и в прошлом году на 100 дол., означает, что доллар обесценился на 9% (100:110)); внешнее обесценение — снижение стоимости национальной валюты в переводе на валюты других стран.

DEPRECIATION CHARGE — норма амортизационных расходов.

Принятый в хозяйственной практике или установленный законом порядок стоимостной оценки износа основных фондов, находящихся во владении корпораций, некорпорированных и некоммерческих учреждений, домовладельцев.

DESPATCH MONEY — диспач. Премия, выплачиваемая владельцем судна фрахтователю за более быструю выгрузку или погрузку по сравнению с нормами, предусмотренными во внешнеторговом контракте. Ставки и условия выплаты диспача оговариваются во внешнеторговом двустороннем соглашении.

DESTINATION CLAUSE — положение о пункте назначения.

Условие в контракте на закупку товара (в основном нефти), определяющее страну, в которую должен быть доставлен товар. Этим предотвращается реализация товара на мировом рынке, которая может отрицательно повлиять на уровень цен при продаже за наличные с учетом немедленной доставки.

DETALIED COMMODITY CATEGORIES (BASIC COMMODITY HEADING) — детальные товарные категории, заголовки базовых товарных групп.

В международных сопоставлениях — первичные товарные группы, на которые в соответствии со стандартизированным перечнем базовых товарных заголовков разбиваются компоненты валового внутреннего продукта.

DEVALUATION — девальвация.

Уменьшение стоимости национальной валюты по отношению к мировому денежному стандарту. Стоимость национальной валюты до 70-х годов определялась золотым содержанием денежной единицы страны, позднее — официальным курсом к свободно конвертируемой валюте, а для стран — членов МВФ — к специальным правам заимствования [special drawing rights (SDR)].

DEVIATION METHODS IN STATISTICS OF PURCHASING POWER PARITY — вариационный метод в статистике покупательной способности валют.

Достоверность паритета покупательной способности валют (*accuracy of purchasing power parity*) до недавнего времени определялась эмпирическим способом, т.е. путем сознательно организуемого статистического обследования уровня цен представительного набора товаров, типичных для сравниваемых стран.

Специально сформированная "корзина" товаров-представителей для целей международных сопоставлений является, по существу, выборкой по отношению к общему списку продуктов, на основании данных об уровне индивидуальных цен которых определяются показатели инфляции (*inflating*).

В Программе международных социально-экономических сравнений ООН (*International Comparison Programme*) предусматривается максимально большой объем согласованной выборки. Способ дисперсионного анализа позволяет определить предельно малый объем набора товаров-представителей, на основе цен которых можно выявить паритет валют с высокой степенью достоверности.

Результаты выборочных, как и сплошных статистических наблюдений, сгруппированные по возрастающей или убывающей величине изучаемого признака, представляют собой по отношению к общей средней два ряда числовой последовательности. В выборке один из этих рядов представлен с достаточной степенью представительности, а другой — не в полном объеме. Для взаимного погашения отклонений переменных величин от значения центральной точки их концентрации в ряде распределения необходимо использовать абсолютные данные, полученные как разница между показателем средней генеральной совокупности и показателем средней выборочной совокупности. Показатели вариационной статистики позволяют определить степень репрезентативности набора товаров-представителей, по ценам которых определяется паритет покупательной способности валют.

DEVISE — девиз.
Термин, используемый в системе международных банковских расчетов для обозначения иностранных переводных векселей, чеков и других краткосрочных оборотных платежных средств.

D.F.C. CURRENCY BASKET SCHEME — внешние займы, исчисляемые по "валютной корзине".
Механизм субсидирования компаний, осуществляющих

финансирование программ развития (*development financing companies*). При предоставлении займов используется валютная корзина для смягчения последствий колебаний обменных валютных курсов. Принят Международным банком реконструкции и развития (МБРР). Начиная с 1980 г. МБРР осуществил ряд займов с использованием валютной корзины в составе долларов США (как правило, половина корзины) и (либо) марок ФРГ либо швейцарских франков, либо японских иен.

DIFFERENCE IN CONDITIONS OF INSURANCE — различие в условиях страхования.

В страховых полисах — положение, предусматривающее страхование рисков, не охваченных другими полисами. Обычно применяется при страховании рисков, связанных с морскими грузоперевозками, когда покупатель приобретает товар на условиях СИФ (*c.i.f.* (*cost, insurance, freight value*)) и объем страховой ответственности, обеспечиваемый продавцом, менее значителен по сравнению со страховым полисом покупателя. В этом случае покупатель вместо страхования отгружаемой партии по своему полису может применить принцип различия в условиях, позволяющих ему застраховаться от рисков, не учтенных в полисе поставщика, и при возникновении убытков, предусмотренных полисом поставщика. Если же убытки не предусмотрены полисом поставщика, но учтены в более объемном полисе покупателя, то иск может быть возбужден на его основании.

DIFFERENTIAL EXCHANGE RATES — дифференциальные обменные курсы.

Обменные курсы, устанавливаемые правительством страны для национальной валюты в зависимости от операций, в которых она используется. Так, правительство может объявить золотой паритет местной валюты для перевода капитала, но в то же время установить менее предпочтительный курс для сделок по импорту предметов роскоши, поднимая тем самым их цену с целью воспрепятствовать ввозу и истощению резервов иностранной валюты.

DIRECT COLLECTION LETTER — письмо об инкассации.

Заполненная стандартная форма с приложенной к ней инструкцией о том, как поступать с переводным векселем (*bill of exchange*) в случае отказа его оплаты.

DIRECT COLLECTION ORDER — непосредственно инкассируемое платежное требование.

Тратта (*draft*), переводный вексель (*bill of exchange*) или аналогичный документ, представленный банком, действующим от имени трассанта (*drawer*) либо держателя, для акцепта (*accept*) или оплаты трассату (*drawee*). К представляемому платежному требованию могут прилагаться другие документы (коносамент, товарная квитанция и др.). Такое платежное требование называется д о к у м е н т а р н ы м. Подразумевается, что сопроводительные документы будут освобождены банком только после акцептования или оплаты расчетного средства трассатом. Платежное требование без сопроводительных документов называется ч и с т ы м (*clean bill*).

Обычно трассант или держатель использует для представления платежного требования предложенную банком форму непосредственной инкассации, содержащую инструкции на случай отказа от акцептования или оплаты документа и устанавливающую сроки получения процента, его размер и др. Форма и сопроводительные документы к ней (если они имеются) пересылаются банку, являющемуся корреспондентом банка трассанта по месту проживания трассата. Этот банк, которому поручается таким образом представить расчетное средство трассату, должен войти в контакт с ним на предмет решения вопросов, связанных с акцептом или оплатой расчетного средства. В зависимости от инструкций, приведенных в форме непосредственной инкассации, акцептованное средство может удерживаться представившим его банком до наступления срока платежа либо возвращаться трассанту. Если же инструкции предписывают банку произвести фактическое инкассо, то банк взимает причитающиеся денежные средства с трассата и переводит их банку трассанта для зачисления на его счет.

DIRECT FOREIGN TRADE TURNOVER — прямой внешнеторговый оборот.

Один из сводных показателей баланса народного хозяйства (*Balance of National Economy*), количественно характеризующий экономические связи страны с заграницей. Представляет собой стоимость товаров, пересекающих государственную границу в результате коммерческих сделок по их купле или продаже, а также стоимость товаров, проданных на коммерческой основе и перешедших в собственность страны-покупателя, но оставшихся на территории страны-продавца. Стоимость операций (услуг) материального характера, осуществляемых между партнерами разных стран не на коммерческой основе, в прямой внешнеторговый оборот не включается.

Определяется на момент составления таможенных документов. Экспорт исчисляется на условиях ФОБ (*f.o.b. (free on board) value*), а импорт — на условиях СИФ (*c.i.f. (cost insurance, freight) value*).

DIRECT INVESTMENT AS COMPONENT OF CAPITAL ACCOUNT — прямые инвестиции как компонент счета капитала.

Статья платежного баланса (*balance of payments*), проводки по которой характеризуют размер оттока из страны или притока в ее национальную экономику из-за границы капитала, предназначенного для создания, расширения или модернизации предприятий, производящих товары или оказывающих услуги. Хотя эти коммерческие предприятия и находятся на территории иностранного государства, но полные или частичные права собственности на них принадлежат зарубежному инвестору.

Вложение капитала за границей относится к категории прямых иностранных инвестиций [direct foreign investment], когда в результате их осуществления возникает возможность реально контролировать производственную деятельность зарубежной экономической единицы.

Капиталовложения в иностранные предприятия, позволяющие оказывать лишь ограниченное влияние на его деятельность, являются портфельными инвестициями [portfolio investment].

DIRTY FLOAT — "грязное" (управляемое) колебание валютных курсов [managed float].

Операции национальных финансово-кредитных учреждений на валютных рынках по предотвращению значительных колебаний стоимости национальных или иностранных валют: продажа валютных резервов, стоимость которых повышается, либо закупка валют, стоимость которых падает. Как правило, государства, являющиеся крупнейшими участниками международной торговли, устанавливают между собой договоренность относительно наиболее обоснованной величины стоимости данной валюты, выраженной в единицах другой валюты, а также пределы колебаний курсов, допустимые без вмешательства государственных органов.

DISCOUNTING – учет, дисконт векселей.

Продажа или перевод векселей (*bill*) по стоимости ниже номинала. Стоимость дисконтируемого векселя определяется умножением величины процентной ставки на количество дней, оставшихся до наступления срока платежа, и вычетом полученного результата из номинала векселя. Уровни процентных ставок различаются в зависимости от степени надежности трассата (*drawee*) или индоссантов.

В ряде случаев вексель может быть продан на условиях, не обеспечивающих права регресса (обратного требования), т.е. покупатель векселя освобождает дисконтирующую сторону от ответственности за погашение в назначенный срок номинальной стоимости векселя. Как правило, лицо, выставляющее просьбу о дисконте, обязано индоссировать вексель, принимая тем самым на себя ответственность за его оплату в случае отказа от нее трассата или предыдущих индоссатов [endorsers].

DISTRIBUTIVE TRANSACTION – экономические операции по распределению дохода.

Хозяйственная деятельность, в результате которой стоимость, добавленная в процессе производства товаров и услуг, распределяется между наемной рабочей силой, владельцами капитала и правительством.

DIVERGENCE THRESHOLD – порог отклонения валют.

Каждая из валют, входящих в ЕВС – Европейскую валютную систему (*European Monetary System*), имеет приписанную стоимость, выраженную в европейских валютных единицах – ЭКЮ (European Currency Unit). Курс какой-либо валюты относительно приписанной стоимости может колебаться в пределах 2,25%. Если же колебания выше, то государства – участники ЕВС обязаны вмешаться в деятельность валютных рынков с целью восстановления стоимости пострадавшей валюты.

Порог отклонения считается достигнутым, если колебания курса составляют 75% в рамках установленного предела отклонения в 2,25%. Порог отклонения является показателем нестабильности данной валюты и предполагает корректирующие меры со стороны государства-эмитента и государств–членов ЕВС.

DIVIDENDS ON INVESTMENTS – дивиденды на вложенный капитал.

Доход, распределяемый между держателями акций в зависимости от величины вложенного капитала и результатов деловой активности за определенный отрезок времени (квартал, полугодие, год). Общая сумма начисленных дивидендов – это величина прибыли, оставшаяся после формирования инвестиционного фонда и выплаты всех налогов.

DOCK RECEIPT – доковая расписка.

Документ, подтверждающий прибытие груза на пирс для отправки на судне. Форма документа и содержание его аналогичны коносаменту (*bill of lading*). Расписка подписывается и проштамповывается стивидором [stevedore] по окончании разгрузки поступившей партии товара. В необходимых случаях делаются отметки о недопоставке или дефектности товара. Обычно экспортер или его агент сдает доковую расписку перевозчику, когда тот представляет на утверждение коносамент.

DOCUMENTARY BILL OF EXCHANGE – документированный переводный вексель.

Переводный вексель (*bill of exchange*), к которому приложены транспортная накладная, коносамент (*bill of lading*) или иные документы.

DOCUMENTARY DRAFT – документированная тратта.

Письменное требование об выплате денег (*draft*), к которому в качестве сопроводительных документов прилагаются: коносамент (*bill of lading*), счета, товарные квитанции и другие бумаги. Обычно для получения сопроводительных документов трассат (*drawer*) должен предварительно акцептовать (*accept*) тратту.

DOMESTIC TAXES ON GOODS COLLECTED AT IMPORT – внутренние налоги на импортные товары.

Налоги с продажи на внутреннем рынке импортных товаров, отечественное производство которых или очень незначительно, или совсем отсутствует. В бюджет страны поступают через внутреннюю налоговую систему, в отличие от импортных сборов и таможенных пошлин.

DOUBLE-ENTRY SYSTEM — система двойных бухгалтерских проводок.

Технический аспект расчета платежного баланса (*balance of payments*) — использование двойной системы фиксации итогов операций (сделок), совершаемых между национальной экономикой страны и мировым хозяйством. При формировании платежного баланса каждая подлежащая учету операция представляется двумя проводками одинаковой стоимостной величины. Одна из них регистрируется по статье кредита и имеет знак "плюс", другая — проходит по статье дебета со знаком "минус". Таким образом, общая величина положительных проводок в принципе соответствует общей величине отрицательных проводок, а итоговое сальдо равно нулю.

Большинство проводок, фиксируемых в платежном балансе, соответствует операциям, в процессе которых между сторонами происходит обмен реальными ресурсами (товарами, услугами, доходами) и финансовыми средствами, т.е. стоимостными объемами.

DOUBLE TAXATION — двойное налогообложение.

В результате применения разными странами различных систем налогообложения складывается ситуация, при которой заграничный доход многонациональной корпорации облагается налогом как в стране — источнике дохода, так и по месту юридического адреса корпорации. Признавая, что двойное налогообложение не способствует развитию торговли, многие государства — участники договоров о налогообложении, определяющих взаимный порядок взимания подоходных налогов с компаний-резидентов, включают в эти договоры условие, согласно которому доходы компаний облагаются налогом только в одной стране.

DRAFT — тратта.

Письменное безусловное требование о выплате поименованной стороной в назначенный срок определенной суммы денег. Тратта, акцептованная (*accept*) трассатом (*drawee*), принимает форму долгового обязательства, сходного в принципе с простым векселем, и может быть удержана до наступления срока платежа либо учтена (дисконтирована) по ставке, соответствующей уровню кредитоспособности трассата и преобладающей норме процента.

Тратты выставляют с оплатой: по предъявлении [at sight],

т.е. требующие платежа непосредственно при предъявлении, либо с оплатой, например, через тридцать дней по предъявлении. Последние называются срочными траттами [time drafts]. Тратта, акцептованная банком, называется банковским акцептом (*banker's acceptance*), тратта, акцептованная любой другой стороной, — торговым акцептом (*trade acceptance*).

Тратта обычно используется вместе с аккредитивом (*letter of credit*) — выданным банком документом, гарантирующим, что в течение определенного периода банк акцептует тратту, если трассант (*drawer*) подтвердит совершение каких-либо заранее оговоренных действий (обычно отгрузки товаров), представив отгрузочную документацию, например коносамент (*bill of lading*). Тратта погашается в той же валюте, в какой она выставлена (т.е. трассат и трассант используют одну и ту же валюту, что указывает на их возможное функционирование в одной и той же стране). В свою очередь, операции с переводными векселями на определенном этапе связаны с обменом валют. В отличие от тратт переводные векселя (*bill of exchange*) всегда выписываются по приказу поименованной стороны и поэтому являются оборотными.

DRAWEE — трассат.
Банк или фирма, обязанная выполнить финансовое обязательство в соответствии с платежным требованием, предъявленным ему трассантом (*drawer*).

DRAWER — трассант.
Банк или фирма, предъявившие трассату (*drawee*) требование о погашении долгового обязательства в срок и в денежном размере, указанном в векселе (*bill of exchange*) или тратте (*draft*).

DUE DATE — срок платежа.
Дата, к которой переводный вексель (*bill of exchange*), тратта (*draft*) или иной расчетный документ должны быть оплачены.

DUMPING — демпинг.
Продажа товара на внешнем рынке по цене, более низкой, чем на внутреннем рынке. Поскольку демпинговые товары нарушают правила справедливой конкуренции и приносят убытки местным производителям, практика демпинга получила широкое осуждение в странах, активно участвующих в международной торговле.

Государство имеет законное право облагать антидемпинговыми пошлинами товары, которые продаются по ценам, ниже справедливых, и наносят материальный ущерб отрасли страны-импортера.

Демпинг обычно принимает следующие формы:

спорадический (стихийный, единичный) [sporadic or distress dumping] — реализация за рубежом товара приводит к его непредвиденному избытку на рынке. Как явление носит единичный характер;

грабительский [predatory dumping] — сознательный, преднамеренный вывоз товара за границу по ценам, более низким, чем цены внутреннего рынка, с намерением подорвать положение зарубежных поставщиков на их собственном рынке. Целью такой акции являются устранение конкуренции на внешнем рынке и образование монополии;

устойчивый [persistent dumping] — перманентные, продолжающиеся длительное время усилия по реализации демпинговой политики с целью завоевания конкурентоспособной позиции на внешнем рынке, являющемся более гибким в части цен по сравнению с внутренним рынком.

E

ECONOMIC TERRITORY — экономическая территория.

В международной практике национального счетоводства к категории экономической территории относятся: территории административного управления страны, где осуществляется свободное товарно-денежное обращение; воздушное пространство, территориальные воды и континентальный шельф, в отношении которых данная страна имеет исключительное право на улов рыбы, добычу сырья, топлива и т.д.; "территориальные анклавы" за рубежом, т.е. экономические зоны в других государствах, которые используются данной страной на арендной основе или путем приобретения собственности для дипломатических, военных, научных или иных целей; зоны, свободные от таможенного контроля (*commercial free zone*).

ELIGIBLE PAPERS — пригодные документы.

Тратта (*draft*), переводный вексель (*bill of exchange*) и другие расчетные средства, пригодные [eligibility] для учета и переучета в центральных банках (*bank*). Эти документы должны также отвечать критерию приемлемости (*acceptability*), т.е. быть выданными, акцептованными или индоссированными надежными с финансовой точки зрения сторонами.

EMBARGO — эмбарго.

Приостановление (обычно по политическим причинам) торговых операций между государствами. Термином обозначают также правительственный эдикт, запрещающий заход в свои порты либо выход из них судов, плавающих под флагом определенной страны. Положение, когда порты закрываются только для коммерческих судов другого государства, называется гражданским эмбарго [civil embargo]; при распространении такого запрета также на военные и пассажирские суда говорят о введении военного эмбарго [hostile embargo].

ENDORSEMENT — индоссамент, передаточная надпись.

Подпись (с сопроводительной надписью или без нее) на оборотной стороне документа. Сторона, совершающая индоссамент, — индоссант (endorser) — гарантирует тем самым выполнение определенных операций по данному документу (как правило, выплаты соответствующей суммы денег в срок, предусмотренный документом). Индоссирование расчетного документа после его вручения новому держателю [holder] представляет собой акт переуступки [negotiation], т.е. передачи права собственности на документ и покрываемые им товарно-материальные ценности либо денежные средства. Обычно оборотные документы выступают в форме тратт (*draft*), переводных векселей (*bill of exchange*), чеков, товарных квитанций, коносаментов (*bill of lading*), а также долговых обязательств типа расписок и облигаций.

Обращаемость [negotiability] расчетных документов, т.е. возможность их индоссирования и передачи третьим лицам, часто характеризуется понятием приказа [order] в отношении получателя или владельца документа.

EUROPEAN MONETARY SYSTEM (EMS) — Европейская валютная система (ЕВС).

Валютный механизм, созданный в рамках ЕЭС с целью уменьшения колебаний обменных валютных курсов стран-участниц и образования в Европе зоны валютной стабильности. Формируемый Европейский валютный союз предполагает на первом этапе переход к полной взаимной обратимости валют ЕЭС, что возможно лишь при едином товарном рынке, либерализации движения капитала, единообразии кредитно-финансовых операций.

На следующем этапе развития Европейской валютной системы предусматривается введение единой общеевропейской валютной единицы как средства достижения полной экономической и политической интеграции государств, входящих в состав ЕЭС.

EUROPEAN CURRENCY UNIT (ECU) — европейская валютная единица (ЭКЮ).

Международная валютно-расчетная единица, являющаяся единым критерием стоимости валют при проведении операций с ними и приравненная к расчетной единице Европейского платежного союза [European unit of account], синтезированной по методу "корзины" валют стран-участниц ЕЭС. Согласно принятому положению состав "корзины" должен пересматриваться каждые пять лет либо чаще, если колебания обменных курсов изменяют стоимость доли валюты, входящей в состав "корзины", на 25 % и более.

Для каждой из указанных валют рассчитывается выраженный в ЭКЮ центральный курс, на основе которого между валютами устанавливаются двусторонние меновые соотношения [bilateral ratios]. Предел взаимных колебаний курсов установлен в размере ± 2,25 % паритета.

EXCESS OF LOSS TREATY — договор на эксцедентное перестрахование.

Договор, в соответствии с которым страховщик обязуется полностью оплатить все возможные убытки до оговоренного заранее денежного предела; ответственность за возмещение ущерба выше этого предела несет перестраховщик.

EXCESS RETURN — сверхприбыль.

Положительная разность между величиной полученной прибыли на основной капитал и гарантированной нормой прибыли, т.е. процентом, выплачиваемым по государственным ценным бумагам.

EXCHANGE CONTROL — валютный контроль.

Система, посредством которой государство регулирует порядок приобретения иностранной валюты и проведения операции с ней. Основная задача такого контроля — направление валютных средств на обеспечение необходимых закупок по импорту и прочие целевые расходы. Как правило, лицензии на проведение операций с иностранной валютой уполномочены предоставлять министерство финансов страны или ее центральный банк.

EXCHANGE PROFITS — прибыли от операций с иностранной валютой.

Доход государства в форме обязательного сбора, взимаемого в определенных пропорциях как с покупателя, так и продавца иностранной валюты. Государственные кредитно-финансовые органы, используя свое право на регулирование внешнеэкономической деятельности страны, изымают часть прибыли, получаемой в результате разницы между закупочной и продажной ценой иностранной валюты.

EXCHANGE TAXES — налог на обмениваемую валюту.

Налог, взимаемый при проведении операций по обмену иностранной валюты в национальную валюту и наоборот по унифицированным или дифференцированным валютным курсам.

EXCHANGE TRANSACTIONS — обменные международные операции.

Учитываемые в платежном балансе (*balance of payments*) операции, в процессе которых одна из стран, участвующих во внешнеторговых операциях, передает стоимостные ценности [economic value], созданные национальной экономикой, а другая страна предоставляет взамен свой равный по стоимости продукт.

Стоимостный объем как продукт обмена подразделяется на две категории — реальные ресурсы [real resources], включающие в себя товары, услуги и доходы [goods, services, income], и финансовые средства [financial means].

EXCISE TAX — акциз, акцизный сбор, налог с внутреннего дохода [internal revenue taxes].

Вводится для обложения пошлинами отдельных товаров и услуг, а также некоторых сделок и операций. В отличие от таможенных пошлин (*customs duties*), которые взимаются только с импортируемых товаров, акцизами в равной степени облагаются как ввозимые в страну, так и производимые местной промышленностью однородные товары. В ряде стран импорт в налоговой политике рассматривается аналогично процессу производства товаров как источник поступления товара на внутренний рынок. Так, в США ответственность за сбор акцизов возложена на Налоговое управление [Internal Revenue Service]. Лица, связанные с импортом или производством отдельных товаров (алкогольных напитков, некоторых видов оружия и др.), до совершения сделок по ним обязаны пройти процедуру регистрации в Налоговом управлении и уплатить соответствующий налог. Компании, занятые производством товаров, облагаемых акцизными сборами, ежеквартально представляют Налоговому управлению соответствующие сводки и вносят необходимые платежи.

Импортеры уплачивают налог по освобождении товаров из таможни, за исключением тех случаев, когда таможенная служба выдает документ об отсрочке от уплаты налога [tax deferment bond]. Как правило, отсрочка от уплаты акцизных сборов (равно как и таможенных пошлин) предоставляется, если товар поступил на приписной таможенный склад [bonded warehouse] либо в зону внешней торговли [foreign trage zone].

EXCLUSIVE DEALING AGREEMENT — соглашение об ограничениях в организации сбыта.

Соглашение, в соответствии с которым продавец или поставщик товара предоставляет другой стороне право выступать в качестве единственного лица, осуществляющего сбыт этого товара в пределах национальной территории.

EXPENDITURE CLASSIFICATION OF THE INTERNATIONAL COMPARISON PROGRAMME — классификация расходов Программы международных сопоставлений ООН.

Перечень важнейших классов и групп конечного использования валового внутреннего продукта, полученный в результате перераспределения статей системы национальных счетов.

Используемая при международных статистических сопоставлениях схема распределения валового внутреннего продукта на классы конечных расходов нации обусловлена необходимостью формирования "корзин" однородных по своему потребительскому назначению товаров и услуг, на основе индивидуальных цен которых определяется паритет покупательной способности валют.

EXPORTS AND IMPORTS OF MATERIAL SERVICES — экспорт и импорт материальных услуг.

Компонент показателя "прямой внешнеторговый оборот" (*direct foreign trade turnover*) в балансе народного хозяйства (*Balance of National Economy*). Отражает объем транспортных услуг и услуг связи, осуществляемых в процессе экономических связей национальной экономики с заграницей: аренда морских судов и других средств транспорта, перевозящих внешнеторговые грузы; стоимость лицензий и технической документации; затраты по использованию экспортных контрактов и обслуживанию экспорта; стоимость услуг в области производства материальных благ, являющихся объектами внешней торговли.

EXPORTS AND IMPORTS OF NON-MATERIAL SERVICES — экспорт и импорт услуг нематериального характера.

Показатель баланса народного хозяйства (*Balance of National Economy*), включающий инвалютные поступления и расходы, связанные со спортивными и культурными мероприятиями, лицензионными сборами телевидения, внешнеторговой рекламой и пропагандой интуризма.

EXPORT AS RECORDING SYSTEM — экспорт в системе внешнеторгового учета.

Часть системы учета внешней торговли, заключающаяся в статистическом наблюдении за количеством вывозимых из стран (пересекающих государственную границу) товаров и их стоимостной оценкой.

Из общего экспорта выделяются экспорт товаров национального происхождения (*exports of goods*) и реэкспорт импортных товаров.

Товары, поставляемые за рубеж правительственными учреждениями своим вооруженным силам и дипломатическим представительствам, статистикой внешней торговли не учитываются и не включаются в объем экспорта. В целях унификации учета потока товаров, являющихся предметом торговли между странами мира, Статистическая комиссия ООН рекомендует объем экспорта определять в ценах ФОБ (*f.o.b. (free on board) value*).

EXPORT DUTIES — экспортные пошлины.

Налоги на вывозимые из страны товары, устанавливаемые в целях предотвращения дефицита на продукцию, пользующуюся большим спросом внутри страны. При установлении величины такого вида пошлин учитывается размер ранее уплаченных налогов с продаж и акцизных сборов [*excise tax*].

EXPORTS OF GOODS — экспорт товаров.

Национальные или национализированные товары, вывезенные с экономической территории страны за границу в целях их конечного потребления.

Национальным является товар, произведенный на экономической территории данного государства, а национализированным — импортный товар, прошедший таможенный контроль и разрешенный для свободной продажи на экономической территории этой страны.

Основной критерий экспорта как завершения внешнеторговой операции — это пересечение границы экономической территории страны товаром. Внешнеторговая сделка при экспорте транспортного оборудования проявляется в форме передачи права собственности от отечественной хозяйственной единицы к иностранной.

Экспорт в своей преобладающей части – это товары массового потребительского спроса или производственного назначения, вывезенные за пределы национальной экономики для продажи на зарубежном рынке.

К экспортным товарам относятся также продукты, полуфабрикаты и готовые изделия, которые вывозятся в зарубежные страны в целях их обработки, монтажа, ремонта для последующего использования этих усовершенствованных товаров в национальной экономике. Товары, отправленные в другую страну для усовершенствования и ремонта, не становятся достоянием экономики этого иностранного государства. В общий импорт данного государства включается только стоимость работ по совершенствованию и ремонту. Стоимость этих выполненных работ включается и в экспорт страны-заказчика.

EXPORTS OF GOODS TRANSPORT SERVICES – экспорт услуг по перевозкам грузов.

Услуги, оказываемые отечественными транспортными организациями иностранным экономическим единицам по перевозкам: 1) национальных или национализированных экспортных товаров до места, где они оцениваются на условиях ФОБ; 2) национального или национализированного товара по территориям зарубежных стран; 3) национального товара по национальной территории; 4) не включенных в экспорт и импорт (личное имущество туристов и т.д.) товаров. Стоимостная величина экспорта услуг по перевозке грузов исчисляется по рыночным ценам. Помимо объема транспортных работ по действующим тарифам в объем экспорта услуг по перевозке грузов включается наценка, равная стоимости перемещения импортных товаров, которую отечественные транспортные организации осуществляли по договоренности с национальными хозяйственными единицами, производящими внешнеторговые сделки.

EXPORTS OF INSURANCES – экспорт услуг страхования.

Страхование видимых экспортно-импортных товаров как услуга, предоставленная национальными экономическими единицами зарубежным внешнеторговым партнерам. Стоимость экспорта этого вида услуг — валовые страховые премии, полученные национальными учреждениями от иностранных фирм.

Общая величина страховых взносов корректируется на коэффициент, представляющий собой отношение платежей национальных экономических единиц за страховые услуги к валовым страховым премиям, выплаченным зарубежными компаниями отечественным учреждениям.

EXPORTS OF MERCHANDISE — экспорт видимых товаров.

Видимые товары — товары, потребительская ценность которых проявляется в конкретной вещественной форме, считаются экспортированными, когда они покидают экономическую территорию страны. Основным критерием экспорта внешнеторговой статистики является момент пересечения товаром государственной или таможенной границы, а балансовой статистики — переход прав собственности от национальной хозяйственной единицы (резидента) к иностранной.

EXPORTS OF OTHER KINDS OF TRANSPORTS SERVICES — экспорт других видов транспортных услуг.

В стандартной системе национального счетоводства стран ЕЭС — предоставление хозяйственными единицами отечественной экономики иностранным фирмам и компаниям права пользования на коммерческой основе морскими, речными и авиапортами страны, услугами национальных лоцманов, фрахтованием, услугами по регулированию движения иностранных транспортных средств отечественными службами управления и связи.

Стоимостный объем экспорта этой категории услуг определяется на основе тарифов (рыночных цен). При исчислении этого показателя не учитывается стоимость топлива и продуктов питания, поставляемых иностранным судам и самолетам, которым предоставлено право пользования отечественными портами.

EXPORTS OF PASSENGER TRANSPORTS SERVICES — экспорт услуг пассажирского транспорта.

Внешнеторговая коммерческая операция между национальными и зарубежными организациями и учреждениями по перевозке иностранных пассажиров отечественным транспортом. Стоимостный объем экспорта этой категории услуг определяется на основе тарифов на проездные билеты, включая стоимость таких дополнительных услуг, как питание, бытовое обслуживание, перевозка сверхлимитного багажа и т.д.

EXPORTS OF SERVICES — экспорт услуг.
Предоставление на коммерческой основе отечественными хозяйственными единицами иностранным хозяйственным единицам различного вида услуг: перемещение товаров, пассажирские перевозки, страхование, связь, прокат фильмов, сдача в аренду транспортного оборудования, научно-техническое содействие.

К категории экспорта услуг не относятся обработка товаров, произведенная отечественными экономическими единицами по заказам иностранных единиц, ремонтные работы, выполненные отечественными производителями по контрактам зарубежных фирм.

EXTERNAL ACCOUNT OF GOODS AND SERVICES — внешнеэкономический счет товаров и услуг.
Составной компонент раздела Системы национальных счетов, названного счетом остальных стран мира (*rest of the world account*). Раздел представляет собой балансовую таблицу, в приходной части которой (ресурсы) отражен поток импортных товаров и услуг, являющихся продукцией остальных стран мира, приобретенной национальной экономикой. В расходной части балансовой таблицы (использование) показана продукция резидентов (товары и услуги), экспортированная в зарубежные государства.

EXTERNAL ACCOUNT OF PRIMARY INCOMES AND CURRET TRANSFERS — внешнеэкономический счет первичных доходов и текущих трансфертов.
Балансовая таблица как инструмент обобщения в разделе Системы национальных счетов — счет остальных стран мира (*rest of the world account*) — сведений платежного баланса, во-первых, о распределении между резидентами и нерезидентами доходов от труда и собственности, во-вторых, платежей резидентов и нерезидентов в форме налога на импорт, подоходного налога, взносов социального страхования, пособий, материальной и финансовой помощи. Доходы и текущие трансферты, поступившие зарубежным хозяйственным единицам от резидентов, рассматриваются как ресурсы (приход), а доходы и текущие трансферты, полученные

национальной экономикой, считаются использованием (расходом).

EXTERNAL ACCUMULATION ACCOUNT – внешнеэкономический счет накопления капитала.

Система финансовых ведомостей счета остальных стран мира (*rest of the world account*), где в процессе национального счетоводства обобщаются данные платежного баланса, во-первых, о внешнеэкономических сделках по ввозу в страну иностранного капитала и вывозу отечественного капитала в зарубежные государства, во-вторых, о финансовых обязательствах и финансовых требованиях резидентов, вытекающих из внешнеторговых контрактов, правительственных соглашений о займах, соглашений о финансовых и коммерческих кредитах.

EXTERNAL DEBT – внешняя задолженность.

Различают долгосрочную, краткосрочную задолженность, государственную и гарантированную государством задолженность, а также частично не гарантированную государством задолженность.

Долгосрочная внешняя задолженность определяется как задолженность со сроком долгового обязательства более одного года, которая взята вне страны и должна погашаться иностранной валютой, товарами или услугами. Она включает кредиты МВФ (*International Monetary Fund*), долги, выплачиваемые в валюте страны-должника, прямые инвестиции.

Краткосрочная задолженность – задолженность со сроком долгового обязательства менее одного года. Государственная и гарантированная государством задолженность – это все внешние обязательства, которые взяло на себя государственное учреждение как должник или гарант.

Частная, не гарантированная государством задолженность определяется как внешнее обязательство частного лица, не имеющего гарантии государственного учреждения.

EXTERNAL DEBT CONVERSION – конверсия внешнего долга.

Средство сокращения общей величины внешней задолженности и облегчения условий по обслуживанию внешнего долга. Порядок финансовых расчетов, установленный для многих стран-должников, предусматривает выполнение долговых обязательств перед кредиторами в виде векселей и акций, оцененных в национальной валюте.

EXTERNAL DEBT REFINANCING — рефинансирование внешнего долга.

Предоставление нового займа (ссуды) стране-должнику в целях замены первоначального займа или покрытия части или всех платежей, причитающихся по первоначальному займу (ссуде).

EXTERNAL DEBT REORGANIZATION — реорганизация внешней задолженности.

Поддержка слабой в финансовом отношении страны-должника или предоставление ей определенных льгот в связи с ухудшением экономического положения этой страны: пересмотр срока платежей кредиторам, рефинансирование, списание долга.

EXTERNAL DEBT RESCHEDULING — пересмотр сроков платежей страны-должника кредиторам.

Изменение периодичности погашения основного долга и выплат по начисленным процентам.

EXTERNAL DEBT SERVICE PAYMENTS — обслуживание внешнего долга.

Платежи государства-должника кредиторам в целях погашения основного долга и выплат начисленных процентов.

EXTERNAL DEBT SERVICE RATIO — коэффициент обслуживания внешнего долга.

Отношение величины затрат при погашении основного внешнего долга и выплат начисленных процентов к выручке от продажи за рубежом товаров и услуг.

EXTERNAL ECONOMIC ACTIVITY — внешнеэкономическая деятельность.

Внешнеэкономические связи национальной экономики, проявляющиеся как экспорт и импорт товаров, услуг, прав интеллектуальной собственности; международная кооперация; совместная предпринимательская и иная хозяйственная деятельность с участием иностранных лиц на территории государства и национальных организаций за рубежом; трансграничное движение рабочей силы, иностранных и отечественных инвестиций; внешнеэкономические, транспортные, страховые, расчетные, кредитные и другие операции, совершаемые в хозяйственных целях, а также экономические отношения, возникающие в сфере международного общения, в том числе не имеющие коммерческого характера. Внешнеэкономическая деятельность осуществляется в форме хозяйственных операций резидентов – институционных единиц данной страны – с резидентами других государств.

EXTERNAL TRADE SYSTEM OF RECORDING – система учета внешнеторговых операций.

Статистическое наблюдение за движением товарных потоков через государственную границу. В зависимости от направления движения товаров через государственную границу выделяются два объекта статистического наблюдения, программа реализации которого составляет систему учета: наблюдение за товарами, поступающими в страну; статистика импорта и наблюдение за товарами, вывозимыми из страны; статистика экспорта.

EXTERNAL TRANSACTION ACCOUNT – счет внешнеэкономических операций.

Система балансовых таблиц (*rest of the world account*), показатели которой используются в национальном счетоводстве для статистической оценки экономических результатов всех операций между учреждениями-резидентами и соответствующими структурными подразделениями других стран мира.

Счет внешнеэкономических операций в процессе национального счетоводства подразделяется по следующей схеме: внешнеторговый счет товаров и услуг, внешнеэкономический счет первичных доходов и текущих трансфертов, внешнеэкономический счет накоплений, внешнеэкономический счет финансовых активов и обязательств.

EXTERNAL TRANSACTION IN FINANCIAL CLAIM – внешнеэкономические операции с финансовыми требованиями.

Раздел счета платежного баланса (*balance of payments*), система показателей которого предназначена для статистического учета финансовых требований к другим странам (активы) и финансовых обязательств по отношению к ним (пассивы).

Отличительная особенность финансовых инструментов как показателей счета платежного баланса – наличие законтрактованных кредиторско-дебиторских отношений между странами, проявляющихся в том, что пассив одного экономического субъекта служит одновременно активом другого. Исключительную роль среди финансовых средств играют золото и специальные права заимствования (special drawing rights (SDR)), которые в СНС (*System of National Accounts*) рассматриваются лишь как валютные резервы.

В счете платежного баланса учет финансовых требований к другим странам и финансовых обязательств национальной экономики по отношению к ним проводится по следующим статьям: валюта и переводные депозиты (вклады), другие депозиты, краткосрочные векселя и облигации, долгосрочные облигации, акции корпораций, краткосрочные и долгосрочные займы и ссуды, коммерческие (торговые) кредиты и авансы.

F

FACTOR SERVICES — факторные платежи.

Платежи, переводимые за границу в целях их использования на месте иностранными гражданами. С экономической точки зрения рассматриваются как факторы производства иностранного происхождения. Например, пособия, переводимые иностранными рабочими, занятыми в данной стране, по месту жительства своих семей для их содержания, или проценты, выплачиваемые заграничным кредитором.

FACTORING — факторинг, факторные операции.

Способ финансирования торговых операций, заключающийся в том, что комиссионер (посредник) выкупает счета дебиторов, внося, как правило, авансом часть суммы, подлежащей оплате, и погашая счет по наступлении срока оплаты.

В большинстве случаев комиссионер принимает на себя все коммерческие риски, связанные с приобретенными счетами, включая и возможность неуплаты по ним. Такая операция называется традиционным факторингом [old-line factoring]. В последние годы в связи с ускорением внешнеторговых операций появилась новая разновидность факторинга — регрессивный факторинг [recourse factoring], в соответствии с которым комиссионер авансирует средства под залог сумм, подлежащих выплате. В случае неуплаты последних комиссионер требует возмещение убытков от клиента.

FAIR MARKET VALUE — справедливая рыночная стоимость.

Стоимость, которую приобрел бы импортируемый товар в случае его реализации на собственном внутреннем рынке. Необходимый инструмент в работе таможенных служб, поскольку реализация товара по ценам, рассчитанным на базе более низкой стоимости, создает прецедент в виде демпинга (*dumping*).

FAMILIAR DRAWING TECHNIQUES – традиционная практика заимствования.

Принятая МВФ (*International Monetary Fund*) система, посредством которой страна-участница, испытывающая дефицит платежного баланса (*balance of payments*), может получить в МВФ валюты других стран как бы в обмен на свою. Обычно данная страна получает иностранные валюты в пределах золотой квоты [gold tranche], т.е. стоимости золотых резервов, которыми она располагает в МВФ, используя золото в качестве залога. Если же требуется сумма больше указанной, то страна может получить заем на условиях кредитной квоты [credit tranche], т.е. под залог имеющихся в МВФ вкладов собственной валюты.

FINANCIAL INNOVATION OF EXTERNAL DEBT – финансовая реорганизация внешнего долга.

Одна из форм регулирования международной внешней задолженности, предусматривающая оплату части внешнего долга в национальной валюте и обмен долговых обязательств на местные акции и облигации. Международные банки рассматривают средства, полученные страной-кредитором в целях облегчения долговых обязательств, как дополнительный источник финансирования социально-экономических программ.

FINANCIAL INSTRUMENTS – финансовые инструменты.

Финансовые средства, используемые при заключении деловых контрактов и хозяйственных договоров между институционными единицами, а также резидентами и нерезидентами. Многие из таких договоров являются основой для установления дебиторско-кредиторских отношений [*debitor-creditor relationship*] между институционными единицами или национальной экономикой и остальными странами мира.

FINANCIAL INSTRUMENTS IN SNA AND BOP – финансовые средства как показатели Системы национальных счетов (СНС) и платежного баланса.

Инструмент международных финансовых операций. Финансовые требования какой-либо страны и выполнение ею финансовых обязательств перед иностранным государством осуществляются с помощью расчетных средств, кредиторско-дебиторских операций, которые объединяются в такие типовые группы:

1. Золото и специальные права заимствования МВФ (special drawing rights (SDR)).
2. Валюта и переводные депозиты.
3. Прочие депозиты (вклады).
4. Краткосрочные векселя и облигации.
5. Долгосрочные облигации.
6. Краткосрочные займы и ссуды.
7. Долгосрочные займы и ссуды.
8. Коммерческие кредиты и авансы.

FINANCIAL INSTRUMENTS OF BUSINESS RISK MANAGEMENT — финансовые инструменты регулирования делового риска.

Показатели международной кредитно-денежной статистики (*International monetary statistics*). Это финансовые инструменты, используемые для уменьшения делового риска, и объединенные в группы, имеющие следующие общепризнанные названия: опционы (*options*), фьючерсы (*futures*), варранты (*warrents*), форварды (*forwards*).

FINANCIAL INTERMEDIATION CONCERNED WITH DESTRIBUTING FUNDS — финансовое посредничество, связанное с распределением инвестиционных фондов.

Деятельность финансовых учреждений, связанная с капиталовложениями в собственность и ценными бумагами: акциями, векселями, ценными бумагами для инвестирования на доверительной основе.

FINANCIAL LEASING — финансовый лизинг.

Соглашение об аренде собственности, в котором указывается предполагаемый срок службы активов (*assets*), в течение которого арендодатель получает все выгоды от их использования и принимает на себя всю степень риска, связанного с их владением.

FINANCIAL PAPER — финансовое долговое обязательство.

Краткосрочное недокументированное долговое обязательство (вексель), выданное финансовой компанией. Средства, полученные от продажи таких обязательств, используются на кредитование коммерческих компаний для вложения капитала в товарные запасы и погашения текущей задолженности.

FINANCIAL RISK — финансовый риск.

Риск, принимаемый на себя экспортером на случай, если его зарубежный контрагент откажется по каким-либо причинам от оплаты закупленного товара. Финансовый риск относится чисто к коммерческой сфере деятельности и не связан с такими политическими условиями, как, например, экспроприация собственности импортера или неконвертируемость валюты страны-покупателя.

FINANCIAL TRANSACTIONS — финансовые операции.

В Системе национальных счетов (*System of National Accounts*) финансовые операции — это расчетные операции, операции по финансированию капиталовложений внутри страны и за рубежом, операции по среднесрочным и долгосрочным кредитам резидентам и нерезидентам. Расчетные операции — это операции с платежными средствами (денежными ссудами, вкладами, распределением и передачей прав на ценные бумаги и т.д.). Поступление национальных средств оценивается по их номинальной стоимости, международных платежных средств — по рыночным ценам с учетом валютных курсов.

FINANCING FACILITY — финансирование на льготных условиях.

Кредитование национальных хозяйственных программ международными финансовыми организациями. Финансовая помощь в форме займа, предоставляемого на длительный срок при низких процентах.

FISHER PUCHASING POWER PARITY — паритет покупательной способности валют по формуле Фишера.

Паритет валют как соотношение уровня цен единого набора товаров и услуг сравниваемых стран (*purchasing power parity*) выражается различными величинами.

Общественно необходимые затраты труда на ту или иную продукцию находятся в обратно пропорциональной зависимости от объема ее производства, т.е. чем более массовый характер имеет изготовление того или иного товара, тем ниже его цена. Спрос и предложение на одноименную продукцию в странах, участвующих в международном разделении труда, не одинаковы. Поэтому при выявлении паритета валют важное практическое и теоретическое значение имеет не только согласование списка товаров-представителей с ценами на них, но также и выбор системы взвешивания, используемого для построения сводного индекса.

При исчислении этого международного соизмерителя цен по показателям отраслевой национальной экономики паритет валют выражается меньшей величиной, чем при использовании в процессе построения сводного международного индекса показателей структуры экономики страны-соизмерителя.

Однозначность результатов международных сопоставлений может быть достигнута предложенным И.Фишером в 1925 г. методом "скрещивания" индексов Ласпейреса и Пааше. Эти индексы перемножаются, а из произведения извлекается квадратный корень. Такой способ "усреднения" используется в международной статистической практике до сих пор.

FIXED ASSETS — основные средства.

Показатель бухгалтерской отчетности, характеризующий стоимостный объем основного капитала коммерческого предприятия. Важнейшим составным компонентом этого показателя являются основные фонды, которые в отличие от оборотных фондов многократно используются в процессе производства товаров и услуг. К категории основных фондов относятся: недвижимость производственного назначения; жилые помещения; помещения, используемые для учебных целей, лечения, отдыха и т.д.

Объем основных фондов в практике бухгалтерского учета определяется только по полной первоначальной (балансовой) стоимости. На бухгалтерском счете "Основные фонды" фиксируется полная величина денежных затрат по объектам имущества в момент их ввода в эксплуатацию. В полную первоначальную стоимость включаются также и все последующие денежные затраты, связанные с реконструкцией и расширением функционирующего объекта.

Полная восстановительная стоимость не может быть определена по данным бухгалтерского учета; для этого требуется проведение специального статистического обследования-переоценки основных фондов.

FLAT MONEY — неразменные, "санкционированные", необеспеченные, безэквивалентные деньги.

Деньги, обладающие стоимостью (ценностью) только вследствие того, что государство-эмитент объявляет их законным платежным средством; деньги, не обеспеченные никаким реальным эквивалентом помимо ручательства эмитирующего их правительства; банкноты, которые не могут быть свободно разменены на золото или серебро.

FLIGHT OF CAPITAL — бегство капитала.

Значительное перемещение капитала (обычно в ликвидной форме) из одной страны в другую. Основной причиной бегства капитала является, как правило, неблагоприятная экономическая или политическая обстановка, которая может привести к конфискации, ужесточенному налогообложению или потере стоимости капиталов. Термин применяется также в случае, когда капиталы переводятся за границу в целях более прибыльного помещения.

FLOATING EXCHANGE RATES — плавающие валютные курсы.

Свободная цена валюты. Инфляция все в большей степени оказывает влияние на повышение и падение курса свободно конвертируемой валюты. Это одна из важнейших причин использования при внешнеэкономических сделках плавающего курса. Однако подобная форма валютных расчетов не улучшает экономические условия внешней торговли стран с высоким уровнем инфляции, так как на конъюнктуру мирового валютного рынка оказывает влияние не только объем национальных экспортно-импортных операций, но и процентные ставки на кредиты, представленные в счет внешних займов.

FLOATING POLICY — генеральный полис.

Страховой договор, срок действия которого заканчивается в момент его расторжения. Объектами полиса являются все поставки, осуществляемые страхователем в пределах оговоренных территориальных, валютных и номенклатурных ограничений. О фактах таких поставок страхователь информирует страховщика по установленной форме.

FLOATING SUPPLY — спекулятивные запасы.

Товары и ценные бумаги, изымаемые из нормальных каналов потребления и инвестирования исключительно в спекулятивных целях.

FLOOR — нижний предел.

В применении к займам с колеблющейся процентной ставкой [floating rate loans] — предварительно минимальная ставка процента, которая устанавливается независимо от уровня падения индексов денежного рынка.

FLOW OF EXTERNAL TRADE — поток экспортно-импортных товаров.

В результате таких сделок право собственности на товары переходит от национальных резидентов (*residents of an economy*) к резидентам (*residents entity*) других стран. Товары, ввезенные в страну и вывезенные из нее на коммерческой основе, являются основным объектом внешнеторговых сделок.

Момент пересечения товарными потоками государственной границы, их учет на основе таможенных документов в статистике внешней торговли имеют большое практическое значение. При выявлении объема внешнеэкономических сделок в расчет принимается также стоимость товаров, проданных и перешедших в собственность резидентов страны-покупателя, но оставшихся на территории страны-продавца или на международной территории. К сфере коммерческой внешнеэкономической деятельности, помимо торговли конкретными материальными ценностями, относятся сделки, связанные с оказанием услуг, имеющих конкретное потребительское назначение, а также внешнеторговые операции с немонетарным золотом, почтовыми операциями, снабжением электроэнергией и водой.

Международные финансовые операции с монетарным золотом, ценными бумагами, банкнотами и монетами, находящимися в обращении, к категории коммерческих внешнеторговых сделок не относятся.

FLOW OF FUNDS ACCOUNTS — счета движения резервных фондов.

Статистический инструмент, используемый центральными банками для регулирования финансовой деятельности страны.

Показатели движения счетов резервного фонда характеризуют движение финансовых средств, сопутствующее нефинансовой экономической деятельности. Например, в секторе домашнего хозяйства присутствует тенденция расширения потребительского кредитования как средства финансирования потребительских расходов. В государственном секторе размеры заимствования соответствуют изменениям дефицита госбюджета.

Финансовые счета характеризуют ход пополнения и использования фондов в соответствии с концепцией национального дохода Системы национальных счетов (*System of National Accounts*). В каждой из отраслей экономики осуществляется прием потоков доходов, позволяющих финансировать текущие затраты и накопления. Накопление и чистое заимствование, осуществляемые в любом из секторов экономики, обеспечивают отраслевые капиталовложения, которые со временем будут отображать совокупные предпочтения, определяющие структуру материальных и финансовых активов относительно пассивов.

В дополнение к данным по отраслевому финансированию указанные счета обеспечивают информацию по потокам и балансам в разрезе основных видов кредитных обязательств и операций.

F.O.B. (FREE ON BOARD) VALUE — стоимостная таможенная оценка на условиях ФОБ (свободно на борту).

Оценка товара на границе страны, экспортирующей его. Производится на основе внутренней цены с добавлением стоимости доставки товара до таможенной границы, включая экспортные пошлины. При внешнеторговых сделках на условиях ФОБ продавец освобождается от обязанностей, связанных с погрузкой товаров на борт судна или другого транспортного средства. При составлении платежного баланса МВФ (*International Monetary Fund*) рекомендует на условиях ФОБ исчислять также и объем импорта. Это означает, что все дополнительные расходы по перемещению импортных товаров учитываются применительно к местам их погрузки. Унификация методов оценки перемещающихся через границу товаров обусловливается только необходимостью достижения сопоставимости импортных и экспортных цен. При внешнеэкономических сделках расчеты за поставляемые из-за рубежа товары осуществляются на практике на условиях СИФ (*c.i.f. (cost, insurance, freight) value*). В этом случае права собственности на импортные товары переходят в пункте назначения (таможенной границе страны-покупателя). Практически сделки на условиях СИФ означают, что продавец передает покупателю не только документы на получение товара, но и страховой полис (*policy*) и коносамент (*bill of lading*).

FORCED TAX SYSTEM — принудительная налоговая система.

Практика, применяемая в ряде стран (в основном европейских), где размеры налога с доходов корпораций рассчитываются государственными органами. В отличие от системы, принятой в США, где компании и фирмы самостоятельно готовят отчетность по доходам и рассчитывают сумму подлежащего выплате налога (*tax*) (которые затем подлежат проверке государственными службами), принудительная налоговая система предполагает участие государственных чиновников на этапе подготовки отчетности по доходам.

FOREIGN AID FOR ECONOMIC ASSISTANCE – экономическая помощь иностранным государствам.

Система внешнеэкономических мероприятий, проводимых страной-донором в целях преодоления хозяйственных трудностей того или иного государства. Осуществляется преимущественно в форме льготных финансовых трансфертов – займов, кредитов, субсидий.

FOREIGN CREDIT INSURANCE – страхование заграничных кредитов.

Услуга финансового характера, имеющая целью страхование коммерческих рисков, связанных с экспортными операциями. Финансовым документом при страховании экспортных товаров, внешнеторговых сделок, которые осуществляются на условиях краткосрочных (180 дней) платежей, является групповой полис (*policy*).

FOREIN CURRENCY DEPOSITS – депозиты в иностранной валюте.

Денежные средства в иностранной валюте, вложенные резидентами и нерезидентами в национальные банки страны.

FOREIGN CURRENCY STATEMENT – отчет в иностранной валюте.

Финансовый отчет, представленный с расчетами в валюте, отличной от той, в которой компания обычно составляет свои отчеты.

FOREIGN CURRENCY TRANSACTION – внешнеэкономические операции в иностранной валюте.

Сделки резидентов национальной экономики (*residents of an economy*) с иностранными деловыми партнерами, проявляющиеся при коммерческих операциях (*flow of external trade*) в виде купли-продажи товаров, цены на которые установлены в иностранной валюте; при финансовых операциях — в форме кредитования и заимствования денежных средств в единицах заграничной валюты.

FOREIGN TRADE EARNINGS — доход (поступления) от внешнеторговой деятельности.

Компонент совокупного общественного продукта и национального дохода, исчисленный по методологии БНХ (*Balance of National Economy*).

FOREIGN TRADE SYSTEM — система внешней торговли.

Таможенный статус и таможенные процедуры, определяющие порядок регистрации торговых потоков через границу и их учета внешнеторговой статистикой. В соответствии с рекомендациями ООН все товары, ввозимые в страну из-за границы или вывозимые из нее в другие государства, должны регистрироваться таможенными органами и соответственно учитываться внешнеторговой статистикой. Однако реализовать эти рекомендации на практике затруднительно, так как не все товары, ввозимые в страну, предназначены для использования или потребления этого государства, а товары, вывозимые с его территории, необязательно находились в свободном обращении на внутреннем рынке.

Для выявления вида системы внешней торговли большое практическое значение имеют разработанные совместными усилиями специалистов стран мира концепции, положенные в основу определения понятий: "товары для использования или потребления в импортирующей стране", "таможенные склады" (*customs warehouse*), "свободные зоны" (*free zones of external trade*), "открытые порты или склады", "предприятия для внутренней обработки импортной продукции".

FORFAITING — форфетирование.

Один из способов финансирования внешнеторговых операций, основанный на трансферте долговых обязательств, возникших в результате операций по продаже (как правило, на экспорт) товаров и услуг. Экспортер продает форфетеру без права регресса долговое обязательство иностранного покупателя, которое обычно выступает в форме коммерческого переводного или простого векселя (*bill of exchange*) с авалем (*aval*), т.е. безусловной гарантией банка или правительственного учреждения.

FORGIVENESS OF EXTERNAL DEBT — списанный внешний долг.

Полная или частичная ликвидация задолженности на основании соглашения между кредитором и должником.

FORWARD EXCHANGE CONTRACT — договор о срочном обмене валюты.

Соглашение об обмене в заранее установленную будущую дату определенного количества единиц одной валюты на определенное количество единиц другой. Обычно заключается коммерсантами в иностранной валюте во избежание возможных убытков в результате колебания обменных курсов. Обменный курс, согласованный в таком договоре, называется срочным (перспективным) курсом [forward rate].

FORWARD MARGIN — срочная маржа.

Разница между существующей ("спотовой") ценой валюты и ценой ее на какую-либо последующую дату. Если будущая цена, оговоренная в контракте на куплю-продажу валюты, оказывается выше существующей, то говорят, что валюта продается с надбавкой [premium], в противном случае — со скидкой [discount].

FRAMEWORK FOR COMPILING PRICE STATISTICS — Основные научно-методологические положения по исчислению индекса цен.

При исчислении международных и внутренних индексов цен решается комплекс научно-методологических проблем: выявление экономического содержания индекса; определение степени надежности исходной информации; выбор системы взвешивания; теоретическое обоснование математической формулы построения индекса.

Система индексов цен, рекомендуемая МВФ (*International Monetary Fund*) национальным статистическим службам, определяется экономической концепцией Системы национальных счетов (*System of National Accounts*). Индекс цен валового национального продукта (*gross national product*) рассматривается как соизмеритель инфляции в широком ее понимании, а индекс потребительских цен (*consumer price index*), содержание которого определяется товарной структурой компонента ВНП — персональных расходов населения, — как соизмеритель изменения уровня жизни.

FREE GRANTS — бесплатные субсидии.

Льготы, предоставляемые государством в форме денежных дотаций производителям товаров и услуг, пособий нуждающимся семьям, выплаты по безработице и т. д.

FRONTING — фронтинг.

Операция, в процессе которой компания оформляет страховой полис (*policy*), но передает риск (*financial risk*) другому страховщику. Осуществляется в случае, когда страховщик желает попасть на рынок, куда он сам либо его полисы не допускаются. Эта компания обращается к местной страховой компании с предложением оформить за вознаграждение страховой полис, а затем переводит на себя риск и страховые взносы.

Страховые компании весьма избирательно подходят к оформлению фронт-полисов [front policies], поскольку юридическое лицо, выдавшее полис, считается ответчиком в случае возможных претензий.

FUNCTIONAL CURRENCY — рабочая, оперативная, функциональная валюта.

Основная валюта, используемая многонациональной корпорацией при внешнеэкономических сделках. Как правило, это валюта страны, в которой размещена корпорация.

FUNDAMENTAL DISEQUILIBRIUM — фундаментальное нарушение равновесия валютных курсов.

Постоянное и значительное несоответствие между официальным и рыночным обменными курсами какой-либо валюты.

FUNDED DEBT — консолидированный долг.

Долгосрочная задолженность частной компании или государственного ведомства, выраженная в виде выпущенных облигаций или аналогичных обязательств, в сравнении с величиной краткосрочного или текущего долга.

FUNDS ACCOUNTS — счета резервного фонда.

Статистический инструмент центрального банка, позволяющий обобщать данные основных финансовых операций и требований для того, чтобы получить общую картину состояния финансовых активов и пассивов в масштабе национальной экономики. Все задолженности по финансовым требованиям одновременно включаются в активы кредиторов и пассивы дебиторов. Счета показывают состояние баланса общего объема активов и пассивов в целом по экономике.

FUTURES — фьючерсы, предварительные финансовые сделки.

Одно из средств кредитно-денежного регулирования делового риска. Эта форма финансовых операций (*financial instruments*) предусматривает изменение условий делового контракта в ходе его реализации в течение установленного срока. Предварительные финансовые сделки на валютном рынке — это валютные фьючерсы [*currency futures*], на рынке денежного капитала — процентные фьючерсы [*interest rate futures*], на товарных рынках — товарные фьючерсы [*commodity futures*].

G

GEARY–KHAMES PURCHASING POWER PARITY — паритет покупательной способности валют Гири-Хамиса.

В 1958 г. сотрудник ФАО. Р.Гири предложил взамен обменного курса, использовавшегося ранее в международной сельскохозяйственной статистике, применять условную коллективную валюту, выявленную расчетным путем [common numeraire currency]. В 1972 г. ученый С.Хамис конкретизировал математическую формулу Р.Гири, придав ей широкое практическое применение.

Паритет покупательной способности Гири–Хамиса — это математическая модель (система линейных уравнений) определения "условных" мировых цен, применяемых при многосторонних международных социально-экономических сопоставлениях. В этом случае паритет покупательной способности валют определяется как отношение уровня национальных цен стандартного набора товаров и услуг и среднемирового уровня цен тех же товаров-представителей, выявленного расчетным путем. Международная цена аналогичного или типичного для сравниваемых стран товара — это средневзвешенная арифметическая национальных цен, пересчитанных в "коллективную" валюту.

GENERAL AGREEMENT OF IMF's MEMBERS — Генеральное соглашение членов Международного валютного фонда (МВФ).

Документ, определяющий задачи и функции Международного валютного фонда (*International Monetery Fund*) как многосторонней межправительственной валютно-кредитной организации. Соглашение, подписанное участниками Бреттон-Вудской конференции в 1944 г., вступило в силу в декабре 1945 г. Пересмотрено с соответствующими дополнениями и изменениями в 1969 и 1978 гг.

Основной целью соглашения является координация финансовой деятельности стран–членов МВФ, направленная, во-первых, на обеспечение стабилизации валютных курсов, во-вторых, на достижение сбалансированности платежного баланса.

GENERAL AGREEMENT ON TARIFFS AND TRADE (GATT) – Генеральное соглашение по тарифам и торговле (ГАТТ).

Созданная в 1947 г. под эгидой ООН международная организация, призванная достичь взаимного снижения таможенных тарифов и устранить прочие препятствия на пути развития международной торговли. Содействует сокращению ставок таможенных пошлин (*customs duties*), унификации методов таможенной оценки (*customs valuation*), устранению количественных ограничений на импорт, урегулированию конфликтов и разногласий в сфере внешней торговли и т.д.

Генеральное соглашение по тарифам и торговле (ГАТТ) является многосторонним договором; действует с 1948 г. и определяет права и обязательства участвующих в нем сторон в области внешней торговли.

Главной концепцией ГАТТ является развитие свободной мировой торговли в соответствии с экономическими соображениями при минимальном вмешательстве правительств стран-участниц в этот процесс. ГАТТ предполагает в принципе полную экономическую самостоятельность хозяйственных единиц (предприятий и фирм) во внутриэкономической жизни данной страны, в области экспорта и импорта. В целях защиты общегосударственных интересов ГАТТ сформулированы основные правила и принципы вмешательства правительств во внешнеэкономическую деятельность отдельных предприятий и фирм.

Регулирование внешней торговли с помощью таможенных тарифов – один из ведущих принципов соглашения. Суть его в том, что таможенный тариф, а не количественные ограничения (квоты, контингенты) признается основным инструментом внешнеторговой политики, защиты национальных рынков и промышленности. В соглашении зафиксировано намерение участвующих стран вести переговоры о постепенном снижении таможенных пошлин и других ограничений в международной торговле.

При присоединении к ГАТТ на соответствующую страну распространяются все существующие тарифные льготы.

GENERAL ASSET CURRENCY – банкноты, не имеющие специального обеспечения.

Обеспечиваются не специальными активами (например, золотом или иностранной валютой на депозитах), а всеми активами эмитента.

GENERAL LICENCE — генеральная лицензия.

Привилегия, предоставляемая центральным правительством в виде формального разрешения на экспорт в определенные страны различных товаров нестратегического назначения, не требующего фактического оформления лицензионного документа. С юридической точки зрения представляет собой фикцию, поскольку не сопровождается официальным запросом со стороны получателя и последующим оформлением в виде официального документа. При этом правительство, пользуясь методом "от противного", исходит из предпосылки, что любая экспортная поставка является как бы заранее узаконенной, и оставляет за собой лишить экспортера этой привилегии в случае необходимости.

GENERAL PRINCIPLE OF RECORDING ALL OUT-FLOWS AND IN-FLOWS OF GOODS — основные принципы регистрации импортируемых и экспортируемых товаров.

Основной принцип учета всех ввозимых или вывозимых из страны товаров определяется их таможенным статусом или видом таможенных процедур, которым подвергаются товары. При характеристике товарных потоков с точки зрения их учета статистикой внешней торговли важное практическое значение имеют определения: таможенная граница (*customs frontier*), государственная граница; таможенные склады (*customs warehouse*); свободные зоны (*commercial free zone*), свободные гавани или свободные склады; товарная (таможенная) декларация (*customs declaration*). Учет экспорта и импорта товаров осуществляется по "специальной системе", при которой включаются в экспорт — товары национального происхождения; товары, вывезенные после обработки; реэкспорт с завозом в страну; в импорт — товары, предназначенные для внутреннего потребления, поступившие из-за границы; товары, завезенные для обработки (переработки) на предприятия страны. Моментом учета товаров при "специальной системе" считается дата штемпеля на таможенной декларации о переходе границы.

GENERAL TARIFF — общий таможенный тариф.

Таможенный тариф, предусматривающий единую ставку таможенной пошлины (*customs duties*) для данного товара независимо от страны происхождения. Не предусматривает взимания дифференцированных пошлин.

GOLD CRISIS — золотой кризис.

Положение, при котором страна вывозит золото в количестве, снижающем его запасы практически до уровня, соответствующего резерву для погашения денежных обязательств. Обычно такая ситуация возникает при сильном хроническом дефиците платежного баланса (*balance of payments*).

GOLD FLOWS — потоки золота, движение золота.

Процесс, в рамках которого совершаются приток монетарного золота в данную страну и отток из нее. Теоретически приток золота увеличивает, а экспорт уменьшает денежную массу в обращении данной страны, ликвидируя дисбаланс в системе международных расчетов в течение определенного периода времени. На практике большинство государств не проводит соответствия между количеством денег в обращении и содержанием золотого запаса.

GOLD INFLATION — золотая инфляция.

Ситуация, возникающая в странах, где золотые резервы "привязаны" к денежной массе в обращении и избыточные запасы монетарного золота обусловливают увеличение ее в обращении, что приводит к инфляции (*inflation*). Для ее предотвращения необходимо изъять из казны часть золота, сократив таким образом денежную массу в обращении.

GOLD STANDARD — золотой стандарт.

Денежная система, в рамках которой наличные деньги могут быть свободно обменены на золото. Соотношение между количеством золота и единицей валюты устанавливается в законодательном порядке. В большинстве крупнейших стран—участниц международной торговли золотой стандарт отменен, в основном вследствие его сдерживающего влияния на ликвидность. В то же время интерес к возрождению золотого стандарта периодически возобновляется именно как к средству сдерживания экспансионистской денежно-кредитной политики.

GRANTS FROM ABROAD — субсидии из-за границы.

Платежи, не подлежащие возврату от иностранных правительств, международных учреждений и других иностранных доноров. Могут быть получены в иностранной или национальной валюте с депозитов иностранных государственных органов или международных учреждений. Такие депозиты создаются главным образом в результате продажи в данной стране товаров, полученных в соответствии с программами иностранной помощи, а также выплат в национальной валюте процентов и постепенного погашения предыдущих займов от иностранных правительственных и международных учреждений на цели развития национальной экономики.

GROSS CAPITAL FORMATION — валовые капиталовложения. Сводно-экономический показатель СНС (*System of National Accounts*), количественно характеризующий валовой прирост основного капитала и прирост запасов. Валовой прирост основного капитала, или валовые вложения в основной капитал, — это приобретение основных фондов, зарегистрированных в момент перехода права владения ими от продавца к покупателю. Право собственности на сооружения, воздвигаемые хозяйственным способом, совпадает с моментом сдачи их в эксплуатацию.

Увеличение активной части основных фондов определяется в СНС как разница между затратами на покупку или производство за счет собственных средств товаров длительного пользования за вычетом выручки от продажи за рубежом подобных подержанных товаров длительного пользования, предназначенных для использования их по прямому назначению или в качестве металлолома. Затраты, связанные с возмещением выбывших основных фондов, их капитальным ремонтом в целях модернизации или продления срока эксплуатации, учитываются при определении показателя "формирование основного капитала". Расходы на текущий ремонт и техническое обслуживание основных фондов рассматриваются как издержки производства. Валовые вложения в основной капитал включают расходы на освоение земель, лесных участков, улучшение плантации садов, виноградников, стада племенного и продуктивного скота.

Ассигнования на военные цели к категории валовых вложений в основной капитал в соответствии с методологией СНС не относятся. Прирост запасов как компонент показателя валовых капиталовложений — это стоимость физического изменения запасов сырья, материалов, незавершенного производства, строительства и готовой продукции.

GROSS DOMESTIC PRODUCT — валовой внутренний продукт.

Основной показатель сводно-балансовых таблиц Системы национальных счетов, предназначенный для статистической оценки результатов экономической деятельности страны за определенный отрезок времени (год, квартал, месяц). Итоги деловой активности резидентских хозяйственных единиц в СНС определяют следующие показания: величину затрат факторов производства (труда, капитала, собственности), объем дохода нации, размер расхода нации на потребление и накопление.

Этот комплекс сводно-экономических балансовых оценок осуществляется с использованием одного показателя — валового внутреннего продукта. Это обусловило три метода исчисления этого стоимостного агрегата. При первом из них в основу расчета берется стоимость, добавленная обработкой, увеличенная на чистые косвенные налоги и импорт; при втором — доходы населения и хозяйственных единиц от экономической деятельности; при третьем — расходы на конечное потребление товаров и услуг. Валовой внутренний продукт меньше величины валового национального продукта на размер чистых факторных доходов, представляющих собой разницу между их поступлением из-за рубежа и переводом этих доходов за границу.

GROSS DOMESTIC PRODUCT DERIVATED FROM NET MATERIAL PRODUCT — валовой внутренний продукт, исчисленный по данным баланса народного хозяйства (БНХ) (*Balance of National Economy*).

При международных сопоставлениях ООН странам, использующим в национальной статистической практике БНХ, рекомендует валовой внутренний продукт (ВВП) исчислять по схеме: национальный доход по методологии БНХ плюс условно-чистая продукция сферы услуг минус нематериальные услуги для промежуточного потребления плюс амортизация основных производственных фондов равно объему валового внутреннего продукта по методологии Системы национальных счетов ООН.

GROSS EXTERNAL DEBT — валовая внешняя задолженность.

По состоянию на данный момент представляет собой сумму использованных и непокрытых контрактных (договорных) обязательств резидентов (*residents of an economy*) данной страны перед нерезидентами по выплате основного долга (exeternal debt) с процентами или без них либо по выплате процентов вместе с основным долгом или без него.

GROSS NATIONAL PRODUCT (GNP) — валовой национальный продукт (ВНП).

Обобщающий показатель СНС (*System of National Accounts*), позволяющий всесторонне количественно охарактеризовать конечные результаты хозяйственной деятельности страны, включая внешнеэкономические связи. Валовой национальный продукт — инструмент балансирования всех доходов государства с его расходами.

Балансовая статистика ВНП основывается на положении учения Дж. Кейнса о том, что доход, созданный в процессе производства товаров и услуг, равен их рыночному объему (Keynes J. The General Theory of Employment, Interest, and Money, London, 1949, p. 20).

Емкость рынка оценивается в национальном счете производства путем суммирования объема реализации на внутреннем рынке товаров и услуг, предназначенных для конечного потребления населением, учреждениями капитального строительства, чистого экспорта, включая сальдо факторных внешнеэкономических операций.

Вклад каждой отрасли экономики в общий доход нации (создание ВНП) определяется размером торговой выручки, принимающей форму зарплаты, прибыли и амортизационных отчислений.

GROSS OUTPUT OF BANKS AND SIMILAR FINANCIAL INSTITUTIONS — валовой объем услуг банковских и финансовых учреждений.

Стоимость фактически оказанных финансовых услуг, наценок на доход, получаемый в виде процентных ставок от вкладов: превышение страховых взносов над заявками, которые были удовлетворены.

GROSS OUTPUT OF DISTRIBUTIVE TRADES — валовая продукция торговли.

Разница между выручкой от продажи и товаров и затратами, связанными с их приобретением у производителя и транспортировкой.

Н

HARBOR DUTES — портовые сборы.

Платежи, взимаемые властями порта с заходящих в него судов с целью поддержания в надлежащем состоянии портового хозяйства. Обычно портовые сборы производятся непосредственно с капитана судна, но в ряде случаев могут быть переадресованы грузоотправителю в виде надбавки к фрахту.

HARMONIZED COMMODITY DESCRIPTION AND CODING SYSTEM — Гармонизированная система описания и кодирования товаров.

Международный классификатор товаров, предназначенный для использования странами при разработке таможенного тарифа и ведения статистического учета внешнеторговых операций.

Совет таможенного сотрудничества в 1973 г. создал Комитет по разработке Гармонизированной системы описания и кодирования товаров на основе Брюссельской таможенной номенклатуры, стандартной международной торговой классификации ООН и других международных классификаторов. К началу 1981 г. Комитет завершил возложенную на него работу. Совет таможенного сотрудничества в 1983 г. принял проект Международной конвенции по Гармонизированной системе и объявил ее открытой для подписания как странами—членами Совета, так и всеми другими государствами мира, желающими к ней присоединиться. Конвенция вступила в силу с 1 января 1988 г.

Основные классификационные признаки Гармонизированной системы — степень обработки продукта и изделия, вид материала, потребительское свойство товара, значение его для мировой торговли.

Весь товарный поток международной торговли в соответствии с классификационными положениями Гармонизированной системы объединен в шесть подразделов и двадцать один раздел. В каждом разделе выделяются группы, подгруппы, позиции, субпозиции.

Гармонизированная система распространяется только на товары, которые подлежат таможенному контролю и рекомендованы для включения в объемы экспорта и импорта видимых и движимых товаров. Услуги, покупаемые у других стран или продаваемые за границу, не могут быть объектом таможенного досмотра, поэтому таможенной статистикой они не учитываются. Объем их экспорта и импорта учитывается лишь при составлении платежного баланса (*balance of payments*).

HEDGE — хедж, вид биржевой операции.
Срочная сделка, заключаемая в целях страхования от инфляции и обеспечения стабильной прибыли.

HEDGING — хеджирование.
Практика заключения срочных сделок на продажу товаров или иностранной валюты во избежание убытков, обусловленных ростом цен. Осуществляя хеджирование, коммерсант фиксирует будущую цену на товары или валюту.

HEDONIC PRICE INDEX — регрессионный индекс цен.
Индекс цен, построенный с учетом тесноты связи между качеством товара и уровнем цены на него. Регрессионное уравнение позволяет при исчислении паритета покупательной способности валют получить расчетную цену на товар, если национальная статистика не располагает данными о его цене.

HIDDEN TAX — скрытый налог.
Налог, непосредственно не выплачиваемый потребителем, но включенный в установленную для него цену (зачастую без ведома потребителя). Примером скрытого налога может служить таможенная пошлина (*customs duties*).

HORIZONTAL INTEGRATION — горизонтальная интеграция.
Развитие экономической деятельности данной компании, осуществляемое путем создания дополнительных производственных мощностей на исходной основе. Например, судоходная компания, выпуская на прежнюю линию дополнительное количество судов, осуществляет горизонтальное развитие, не создавая филиал или дочерние компании.

HOT MONEY — "горячие" деньги.
Краткосрочные перемещения капиталов, вызванные спекулятивными операциями, которые, в свою очередь, обуслов-

ливаются ожиданием серьезных изменений ставок обменных курсов валют (*convertibility*) либо стремлением получить преимущество за счет разницы в уровне процентных ставок. Термин часто употребляется для характеристики денежных средств на заграничных счетах, которые нужно быстро ликвидировать, если намечается тенденция к понижению валютных курсов или процентных ставок.

HOUSE BILL – "домашний вексель".
Переводный вексель (*bill of exchange*), выставленный банком на свое отделение или филиал, расположенные за рубежом.

HOSEHOLD – домашнее хозяйство. Институциональная (хозяйственная) единица. Совокупность таких единиц составляет сектор национальной экономики, где реализуются для конечного использования товары и услуги; осуществляется накопление за счет персонального дохода за вычетом налогов и добровольных взносов.

HYPOTHECATION – ипотека, ипотечный залог.
Залог в виде банковских акцептов (*accept*) товарных накладных, складских расписок и прочих оборотных документов, служащих обеспечением ссуды. До погашения обязательство находится, как правило, у кредитора.

HYPOTHECATION CERTIFICATE (letter of hypothecation) – залоговый сертификат (залоговое письмо).
Документ, прилагаемый к переводному векселю (*bill of exchange*), выписанному при отгрузке товаров. Уполномочивает банк–предъявитель векселя или любого последующего держателя акцептованного векселя (*acceptance*) произвести продажу указанного товара в случае отказа плательщика от погашения векселя.

I

IMITATION LAG — имитационный лаг, имитационное отставание.

Период времени, проходящий между получением одной из стран технологического преимущества в данной сфере и успешным повторением (имитацией) той же стадии другой страной. Можно выделить два этапа. Первый характеризуется спросовым лагом (отставанием спроса) [demand lag], продолжающимся до тех пор, пока не возникнет ярко выраженная потребность в получении нового товара. Затем следует второй этап — так называемое отставание реакции [reaction lag], в процессе которого местные потенциальные производители нового товара осознают наличие спроса на него, убеждаются в том, что страна-новатор получает солидную выгоду от экспортной монополии, и, наконец, имитируют данный товар.

IMPLICIT PRICE DEFLATOR FOR GROSS DOMESTIC PRODUCT — общий ценовой дефлятор валового внутреннего продукта.

Показатель, характеризующий в сводном виде масштаб инфляции (*inflation*) в стране.

Система национальных счетов — это инструмент обобщения данных для исчисления валового внутреннего продукта в текущих ценах. Динамику развития национальной экономики можно определить путем корректировки каждого компонента валового внутреннего продукта на соответствующий индекс.

Индекс потребительских цен применяется для выявления физического объема конечного потребления товаров и услуг домохозяевами и правительственными учреждениями.

Формирование основного капитала как составной части валового внутреннего продукта пересчитывается из текущих цен в неизменные цены с помощью индекса оптовых цен, индекса цен производителей, индекса цен строительно-монтажных работ, индекса импортных цен.

Дефлятор как показатель инфляции определяется делением валового внутреннего продукта в текущих ценах на его величину, исчисленную вышеизложенным методом в неизменных ценах.

IMPORT DUTIES — импортные пошлины.

Платежи за ввоз в страну импортной продукции, взимаемые на государственной границе таможенной службой в целях пополнения государственных финансовых ресурсов и регулирования объема потоков иностранных товаров, поступающих на внутренний рынок.

IMPORT SUBSTITUTION — импортозамещение.

Прекращение ввоза в страну данного товара в связи с его производством на месте. Обычно сопровождается регулирующими действиями, препятствующими дальнейшему импорту указанного товара (увеличением пошлин и импортных квот, прямыми запретами). Характерно для развивающихся стран, находящихся в процессе индустриализации, в меньшей степени — для промышленно развитых государств.

IMPORT AS RECORDING SYSTEM — импорт в системе внешнеторгового учета.

Раздел общей системы учета внешней торговли, предусматривающий способы и формы статистической оценки количества и стоимостного объема ввозимых в страну (пересекающих государственную границу) товаров, предназначенных для внутригосударственного конечного потребления или дальнейшей переработки на отечественных предприятиях.

Стоимостную оценку импортируемых товаров Статистическая комиссия ООН рекомендует производить по ценам ФОБ (*f.o.b. (free on board) value*).

IMPORTS OF GOODS — импорт товаров.

Товары, поступившие из-за границы на территорию страны в качестве дополнительных ресурсов потребительского рынка, продукций инвестиционного назначения, сырья, полуфабрикатов, изделий для обработки. Осуществление внешнеторговой операции по импорту товаров, увеличивающих национальное богатство страны, фиксируется на момент, когда товары фактически пересекают таможенную границу. Товары, закупленные за границей и находящиеся в свободных зонах (*commercial free zones*) и складах национальных таможен, считаются поступившими на экономическую территорию страны.

К категории импорта относятся товары, ввезенные в страну для переработки, доработки и ремонта с целью их дальнейшего экспортирования.

IMPORTS OF SERVICES – импорт услуг.

Коммерческая операция, предусматривающая оказание иностранными фирмами отечественным хозяйственным единицам услуг в форме перемещения товаров, перевозки пассажиров, страхования экспортно-импортных грузов, осуществления международных почтово-телеграфных, банковских операций, содействия в научных разработках, исследованиях, проведении проектных работ, технического содействия в строительстве.

К импорту услуг не относятся ремонтные работы, выполненные иностранными фирмами по заказу национальных хозяйственных единиц, а также услуги, потребленные отечественными домашними хозяйствами за рубежом (*residents of an economy*).

IMPORTS OF TRANSPORT SERVICES – импорт транспортных услуг.

Оказанные на коммерческой основе иностранными фирмами национальным экономическим единицам услуги по транспортировке импортных товаров до таможенной границы, где они оцениваются на условиях СИФ (*c.i.f. (cost, insurance, freight) value*); по перемещению импортных товаров между различными пунктами за рубежом в соответствии с поручением национальной организации; по международным перевозкам отечественных пассажиров на иностранных транспортных средствах.

Транспортные услуги, предоставленные за рубежом отечественным домашним хозяйствам, не включаются в импорт услуг (*imports of services*).

IMPROPER INDUCEMENT – незаконное стимулирование.

Платежи, освобождающие от долговых обязательств, осуществляемые в нарушение закона, тарифов либо общепринятой практики со стороны транспортной компании в пользу грузоотправителя в целях получения заказов.

INCOME ACCOUNT – счет доходов.

Раздел Системы национальных счетов ООН. В последнем пересмотренном варианте (1993 г.) этого методологического документа рекомендована система балансовых таблиц, представляющих собой четыре взаимосвязанных счета:

счет создания дохода (*generation of income account*) со сальдирующей статьей "Прибыль" (*surpels*);

счет распределения первичного дохода (*allocation of primary income account*), в котором балансирование "прихода" и "расхода" произведено с помощью показателя "первичный доход" (*primary income*);

счет вторичного распределения доходов (*secondary distribution of income account*), где располагаемый доход (*disposable income*) является сальдирующей статьей;

счет использования дохода (*use of income account*) с балансирующей статьей "Сбережение" (*saving*).

INCOME EXPLOSION – вспышка роста доходов.
Бурный рост доходов на душу населения, как правило, сопровождающийся равномерным их распределением среди населения. Подобный скачок уровня доходов стимулирует потребительский спрос и обусловливает увеличение объема закупок по импорту.

INDENT – индент.
Предложение на закупку товаров по ценам и на условиях предполагаемого покупателя. Термин часто применяется в отношении любого заграничного заказа.

INDENT AGENT – индент-агент.
Агент по сбыту, ведущий за границей на комиссионной основе операции по продаже товаров, поступающих от иностранного поставщика.

INDEX-NUMBER APPLIES TO INTERNATIONAL COMPARISON – сводный (агрегатный) индекс, применяемый при международных сопоставлениях.

Это средняя относительных величин, характеризующих изменение уровня явлений, которые непосредственно не могут быть сравнимы. Сводный индекс при международных сопоставлениях строится на основе аналитической и синтетической концепции. В соответствии с аналитической концепцией [*analitic conception of index-number*] рассматривается как средняя величина, характеризующая интегральное (обобщенное) изменение индивидуальных признаков статистической совокупности. Аналитическая концепция используется в индексной практике, когда на результаты социально-экономических анализов (международные сопоставления) оказывает влияние как величина индивидуального признака (уровень цен товаров-представителей), так и выбор системы взвешивания – структура ВНП (*gross national product*) соизмеряемой страны, или страны-соизмерителя.

Синтетическая концепция индексной теории [synthetic conception of index-number] – это математическая трактовка сводного индекса как средней величины, занимающей центральное положение в ряде распределения [frequency distribution]. Сводный индекс строится в соответствии с синтетической концепцией, когда для экономического анализа важно знать не только величину случайного признака (изменение уровня цен за произвольно выбранный период), но и частоту его проявления.

INDEX-NUMBER OF PURCHASING POWER MONEY – индекс покупательной силы денег.

Величина, обратная индексу потребительских цен (*consumer price index*).

INDEX-NUMBER OF WORLD INDUSTRIAL PRODUCTION – индекс промышленного производства мира.

Показатель динамики продукции промышленности. Бюро статистики ООН исчисляет его как в целом по всему миру, так и по отдельным регионам. В целях сопоставимости понятие "промышленность" определяется как совокупность хозяйственных единиц, относимых в соответствии с Международной стандартной хозяйственной классификацией видов экономической деятельности (*International Standard Industrial Classification of all Economic Activities*) к горнорудной, обрабатывающей промышленности, электроэнергетике, производству газа и водоснабжению. Национальные индексы промышленного производства агрегируются по формуле средней арифметической взвешенной. В качестве весов используются показатели условно-чистой продукции, пересчитанной из национальной валюты в доллары по официальному курсу. Система весов пересматривается раз в пять лет.

Статистической основой для исчисления индексов являются национальные данные о стоимости, добавленной обработкой, в оптовых ценах предприятия, включая субсидии и исключая косвенные налоги (*indirect business tax and nontax liability*).

INDEX OF INDUSTRIAL PRODUCTION USA — индекс промышленного производства США.

Относительный показатель изменения физического объема производства предприятий обрабатывающей промышленности, горнорудной, электроэнергетической и промышленности по производству искусственного газа.

Изменение соотношения месячного уровня промышленной продукции определяется на основе 252 индивидуальных рядов динамики. Преобладающая часть этих рядов динамики представляет собой месячную последовательность натуральных показателей, выраженных в соответствующих физических единицах измерения (фунты, ярды, баррели и т.д.).

Если результаты промышленной деятельности невозможно выразить в физических единицах измерения, применяют условно-натуральные единицы измерения или производят оценку по числу отработанных человеко-часов.

Информационной базой построения моментных рядов динамики, предназначенных для индексного анализа деловой конъюнктуры, являются месячные выборочные анкетные статистические обследования промышленных фирм.

Сведения об уровне временных рядов динамики позволяют определить индивидуальные индексы товаров—представителей товарных групп (сырье, топливо, промежуточная, конечная продукция) и на их основе построить сводный индекс отрасли и всей промышленности в целом. В качестве весов используются данные о стоимости, добавленной обработкой, собираемые по детальной товарной номенклатуре в процессе сплошных экономических обследований (цензов).

Набор товаров-представителей и шкала весов индекса промышленного производства периодически пересматриваются. Построение сводного индекса промышленной продукции США осуществляется по формуле Ласпейреса.

INDEX OF LEADING INDICATORS — индекс ведущих показателей.

Сводный экономический индикатор, имеющий целью количественную характеристику размера "причинных" явлений деловой активности. Выявление экономических предпосылок изменения делового цикла осуществляется чаще всего с помощью следующей системы показателей:

средняя продолжительность рабочей недели производственных рабочих обрабатывающей промышленности;

коэффициент уволенных рабочих обрабатывающей промышленности;

индекс объема капиталовложений делового назначения;

индекс объема контрактов и заказов на поставку машин, оборудования и строительство предприятий делового назначения;

индекс объема заказов на материалы и потребительские товары;

индекс объема заказов на строительство жилых домов;

индекс цен на торговые запасы;

индекс объема товарных запасов;

индекс числа новых фирм;

индекс числа обанкротившихся фирм;

индекс стоимости ценных бумаг;

количество денег в обращении.

INDIRECT BUSINESS TAX AND NONTAX LIABILITY — косвенные коммерческие налоги и неналоговые платежи.

Налоговые суммы, выплаченные коммерческими предприятиями, кроме взносов предпринимателей в фонд социального страхования и подоходных налогов корпораций. Основные виды косвенных налогов: налог с оборота, акцизные сборы, налоги на недвижимую собственность, уплачиваемые фирмами. Хотя эти налоги уплачиваются предпринимательской фирмой, предполагается, что они могут быть переложены на клиентов фирмы путем включения налога в рыночные цены продукции. Косвенные налоги фирм исключаются из национального дохода, поскольку они не являются факторными, т.е. доходами от собственности на землю, труда и капитала.

Неналоговые платежи состоят из денежных сумм, выплачиваемых предпринимателями в виде штрафов, гонораров за авторские права, патенты, за право разработки недр и как неустойки.

INDIVIDUAL CONSUMPTION OF POPULATION — индивидуальное потребление населением.

Показатель Программы международных сопоставлений ООН (*International Comparison Programme*) количественно характеризует объем потребления материальных благ и услуг как домашними хозяйствами, так и государственными учреждениями, обслуживающими население.

В СНС (*System of National Accounts*) понятие "потребление населением" ограничивается лишь расходами населения на приобретение потребительских товаров и услуг и стоимостью личного потребления за счет собственного производства.

INDUSTRIAL COMPETITIVENESS INDEX — индекс конкурентоспособности промышленных товаров.

Показатель относительной конкурентоспособности поставляемых на экспорт изделий промышленности данной страны. Получается посредством сопоставления обменного курса ее валюты с обменным курсом валюты страны-конкурента с поправкой на инфляцию (*inflation*), связанную с ценообразованием в непродовольственном секторе промышленности.

INFANT INDUSTRY — вновь возникшая отрасль промышленности.

Выделившаяся вновь отрасль отечественной промышленности, испытывающая вследствие этого повышенную чувствительность к зарубежной конкуренции. Особое значение имеет в базовых отраслях, развитие которых крайне важно для национальной экономики (например, сталелитейной). Импортные закупки, резко сокращающие долю новых отраслей в национальном рынке, не позволяют достичь в их развитии должного масштаба эффекта [effect of scale] и прочих факторов эффективности производства.

INFLATION — инфляция.

Одна из форм кризисного состояния экономики, проявляющаяся в диспропорции между натурально-вещественным содержанием и денежным выражением объема производства и потребления. Прежде всего это обесценивание денежных средств. Выпуск денежных знаков и их кредитных заменителей в большем объеме, чем это требуется для товарооборота, обусловливает повышение уровня оптовых и розничных цен, снижение реальных доходов населения, увеличение бюджетного дефицита и т.д. Различают четыре вида инфляции: инфляция цен, денежная, финансовая, инфляция заработной платы.

Для количественной характеристики уровня инфляции используется индекс цен. Однако рост уровня цен может быть обусловлен не только расстройством кредитно-денежной системы, но и повышением издержек производства.

INFLATION AND PURCHASING POWER PARITY — инфляция и паритет покупательной способности валют.

Инфляция оказывает прямое влияние на покупательную способность национальной валюты и опосредованное на официальный курс. Выявление влияния индекса внутренних цен на паритет покупательной способности национальной валюты имеет важное практическое значение для статистической оценки эффективности внешнеэкономических связей. Покупательная способность национальной валюты на внутреннем рынке и ее реальный паритет по отношению к валюте других стран определяются, по существу, одним методом — статистическим наблюдением за уровнем цен на товары и услуги, отобранные с помощью планомерно организованной выборки. При этом изучение инфляционных процессов производится ценовым обследованием по более развернутой программе, а при выявлении паритета валют выбирается "корзина" товаров-представителей меньшего объема.

Результаты наблюдения за уровнем цен международного стандартного набора товаров-представителей на какие-либо две даты можно обобщить в виде ряда распределения и исчислить показатели вариации, а на их основе определить степень достоверности паритета покупательной способности валют.

INSTALLATION ABROAD — установка оборудования за границей.

Монтаж оборудования и механизмов, осуществляемый предприятиями одной страны для другой. В соответствии с рекомендациями МВФ (*International Monetary Fund*) рассматривается как международная торговля услугами.

INSTITUTIONAL UNIT — институционная единица.

Экономическая единица, имеющая собственные основные и оборотные фонды [*owning assets*] и обладающая правом принимать на себя финансовые обязательства (*liabilities*), а также самостоятельно осуществлять коммерческую деятельность.

INSURANCE — страхование.

Форма финансового посредничества, в результате которой создаются специальные фонды средств, используемые для возмещения ущерба имущества или иных других видов активов (*assets*) от случайных явлений. Коммерческая сделка о страховании оформляется в виде полиса (*policy*).

INTEREST ARBITRAGE — процентный арбитраж.

Перемещение краткосрочных капиталов из одной страны в другую с целью обеспечения более высоких процентных ставок.

INTEREST-BEARING DRAFT — процентная тратта.

Тратта, или переводный вексель (*bill of exchange*), оформленные с условием, что трассат (*drawee*) обязан выплачивать определенный процент с даты оформления документа до срока окончательного расчета по нему. В течение многих лет процентная оговорка применялась в основном в связи с экспортными поставками в страны Азии и Африки, вследствие чего она также известна под названием "колониальная оговорка" [colonial clause].

INTEREST RATE RISK — процентный риск.

Риск, предпринимаемый держателем ценных бумаг с твердыми процентными ставками и заключающийся в том, что в случае возможного превышения общего уровня процентных ставок над уровнем, установленным по имеющимся у него ценным бумагам, он теряет часть процентного дохода, которую в противном случае мог бы получить.

INTERNATIONAL COMMODITY AGREEMENTS — международные соглашения в области производства и сбыта товаров.

Многосторонние торговые соглашения, направленные на достижение стабильности цен, гарантии поставок и создание устойчивых запасов отдельных видов товаров. Предполагают необходимость их безусловного соблюдения основными производящими и потребляющими странами. В число оговоренных в соглашениях функций входят такие, как создание резервных запасов товаров, установление контроля над их экспортом и импортом, достижение долгосрочных договоренностей о закупках, установление цен на продукцию. Для контроля за реализацией соглашений и осуществления оговоренных в них регулирующих функций предусматривается создание специальных комитетов и комиссий.

Указанные меры призваны предотвратить колебания цен, перенасыщение рынка или, напротив, товарный дефицит.

INSURANCE SERVICE AS INTERNATIONAL TRANSACTION — страховые услуги как внешнеэкономические операции.

Услуги, оказанные национальными финансовыми учреждениями иностранным клиентам и наоборот в страховании, во-первых, экспортно-импортных товаров, во-вторых, подвижного состава транспортных компаний, в-третьих, жизни, здоровья (бесплатного или на льготных условиях оказания медицинской помощи).

INTEREST PAYMENTS — выплата процентов.

Показатель международной финансовой статистики, характеризующий размер платежей за использование предоставленных государству кредитов. Он не учитывает погашение кредитов и комиссионных издержек за посредничество в получении кредита. Выплата процентов должна фиксироваться в соответствии с мировыми методологическими стандартами отдельно статистикой внутреннего и внешнего долга.

INTERNATIONAL COMPARISON PROGRAMME — Программа международных сопоставлений ООН.

Программа ООН, позволяющая странам—участникам ее реализации определить экономические позиции своей страны по отношению к другим государствам мира.

В процессе ее реализации происходят согласование цен в соответствии с международными требованиями и количественное сопоставление сводно-хозяйственных стоимостных агрегатов.

Объектом обследования, осуществляемого по программе международных сопоставлений ООН, является показатель Системы национальных счетов "валовой внутренний продукт" (ВВП) (*gross domestic product*), который в отличие от валового национального продукта (*gross national product*) не учитывает сальдо международных факторных доходов.

При сравнении уровней экономического развития ВВП рассматривается как стоимостный объем товаров и услуг в рыночных ценнах, предназначенных для личного потребления, коллективного потребления, валовых накоплений. Компоненты ВВП Программы международных сопоставлений ООН являются результатом перегруппировок соответствующих статей Системы национальных счетов (*System of National Accounts*).

Личное потребление в ПМС ООН — это конечные расходы частного потребления СНС плюс государственные расходы на медицинское обслуживание населения плюс государственные расходы на образование населения плюс субсидии на жилье плюс чистые закупки иностранных граждан.

Коллективное потребление в ПМС ООН, в отличие от категории СНС "государственные расходы на оконечное потребление", учитывает лишь государственные расходы на управление, оборону, научные исследования, социальные нужды (содержание общественного транспорта, парков, уборка мусора и т.д.).

В валовые накопления ПМС ООН включает валовые вложения в основные фонды, прирост запасов, чистый экспорт. Использование в Программе международных сопоставлений ООН вышеприведенной схемы распределения валового внутреннего продукта на классы конечных расходов нации обусловлено необходимостью формирования "корзин", однородных по своему потребительскому назначению товаров и услуг, на основе индивидуальных цен которых определяется реальный паритет валют (*purchasing power paryties*).

INTERNATIONAL DEPOSITORY RECEIPT (IDR) — международное депозитное свидетельство (МДС).

Документ, выданный банком или иным юридическим лицом в том, что оно от имени поименованной стороны (доверителя) является держателем определенного числа акций в иностранной компании. МДС выдается вместо акционерного сертификата [share certificate], так как больше соответствует требованиям Комиссии США по ценным бумагам и биржам [Securities and Exchange Commission] относительно порядка регистрации (значительное количество выпущенных за пределами США ценных бумаг оформляется на предъявителя, тогда как МДС свободно поддается регистрации), а также для упрощения процедуры купли-продажи акций. В США применяется термин "американское депозитное свидетельство" [American depository receipt], в Западной Европе — "европейское депозитное свидетельство" [European depository receipt].

INTERNATIONAL FLOW OF FACTOR INCOME — международные потоки факторных доходов.

Внешнеэкономические операции, связанные с распределением между резидентами и нерезидентами факторных доходов от наемного труда, собственности и капитала.

Факторный доход как активная часть платежного баланса отражает величину поступившего в страну национального дохода, созданного за границей трудом, капиталом и собственностью резидентов. Факторные платежи как пассивная часть платежного баланса – это величина национального дохода, переведенного за границу.

Чистый факторный доход – это разница между факторными доходами и факторными платежами.

Распределение факторных доходов между резидентом и нерезидентом осуществляется в следующих формах:

выплаты жалованья и заработной платы (денежные вознаграждения, полученные отдельными лицами в стране, резидентами которой они не являются, за работу, выполненную для ее резидента);

доход от предоставленного кредита (ссудный процент кредитов);

доход от прямых зарубежных инвестиций (дивиденд, выплачиваемый в соответствии с долей инвестора в акционном капитале зарубежного предприятия, а также доля прямого инвестора в нераспределенной прибыли предприятия);

реинвестируемый доход (плата в виде дохода иностранному инвестору, который перечислил его в фонд расширения в то же самое предприятие);

доход от иностранных инвестиций, вложенных в ценные бумаги (так называемые портфельные инвестиции – дивиденды по акциям и проценты по долговым ценным бумагам).

INTERNATIONAL LENDING – международный кредит. Предоставление стране-заемщику ссуд в виде краткосрочного и долгосрочного капитала (*types of international capital flows*). Различие между этими двумя видами международного кредитования основывается на первоначальном контрактном сроке его погашения. Краткосрочный капитал (*short–term-capital*) – это займы, выплачиваемые по требованию или с первичным контрактным сроком их погашения в один год или менее года.

Долгосрочный капитал (*long–term-capital*) – это займы с первоначальным контрактным сроком погашения более одного года.

INTERNATIONAL MARKETING GOODS — товары международного рынка.

Экспортно-импортные операции с реальными ценностями, предназначенными как для потребительских и инвестиционных целей, так и для переработки по заказу иностранного поставщика. Расчеты по товарам осуществляются по ценам, согласованным в результате внешнеэкономических сделок (контрактные цены).

Межстрановое движение товаров — это экспорт и импорт "движимых товаров".

"Движимые товары" — это товары, в результате ввоза (вывоза) которых из-за рубежа увеличиваются (уменьшаются) материальные ресурсы страны. В платежном балансе этот термин относится к продукции, собственность на которую при осуществлении внешнеэкономических операций переходит от резидента одной страны к резиденту другой страны и наоборот. Показатель платежного баланса "движимые товары" по своему экономическому значению идентичен одноименному показателю международной статистики внешней торговли. В таможенной статистике он применяется при учете экспортно-импортных операций, осуществляемых на основе данных таможенной декларации — официального заявления участника внешнеторговых сделок о пересекающем государственную границу товаре.

INTERNATIONAL MONETARY FUND (IMF) — Международный валютный фонд (МВФ).

Международная финансовая организация, созданная в 1944 г. на основе соглашений, подписанных в Бреттон-Вудсе (США) [Bretton-Woods Agreement], в целях поддержания мировой валютно-финансовой стабильности и содействия развитию международной торговли. Начал функционировать с 1 марта 1947 г. в ноябре того же года получил статус специализированного учреждения ООН.

СССР в практической деятельности МВФ не принимал участие и не считался ее членом до 1991 г., когда для него был введен специальный статус ассоциированного члена.

После распада СССР полноправными членами МВФ стали: Армения, Азербайджан, Беларусь, Грузия, Казахстан, Кыргызстан, Латвия, Литва, Молдова, Российская Федерация, Украина, Туркменистан, Узбекистан, Эстония.

Общее число стран, входящих в состав этой международной финансовой организации, в конце 1992 г. составило 173.

Основные направления деятельности МВФ предполагают поддержание на устойчивом уровне обменных курсов валют и оказание помощи странам-членам, испытывающим дефицит платежного баланса (*balance of payments*).

Признавая, что система международных расчетов нуждается в дальнейшем совершенствовании и развитии, МВФ ввел в практику в качестве безусловных резервных активов так называемые специальные права заимствования, или SDR (special drawing rights).

Руководство МВФ осуществляет Совет управляющих, в который входит по одному представителю от каждой страны. Голоса распределяются пропорционально взносам стран-членов, размеры которых обусловлены уровнями экономического развития. Такой порядок позволяет наиболее развитым странам осуществлять контроль за деятельностью фонда. Исполнительным органом МВФ является Директорат в составе двадцати исполнительных директоров. Штаб-квартира МВФ расположена в Вашингтоне.

INTERNATIONAL PRICE STATISTICS – международная статистика цен.

Раздел международной финансовой статистики Международного валютного фонда (International Monetary Fund). Основные концепции и методологические рекомендации построения индексов цен изложены в специальном издании МВФ: IFS Supplement on Price Statistics. Supplement Series N 12, International Monetary Fund, 1986. В этом документе дано описание преимуществ и недостатков построения индексов цен, используемых в качестве измерителя с учетом конъюнктуры внутреннего и международного рынка.

В международных методологических рекомендациях отмечается, что статистика цен как финансовый инструмент (financial instrument) имеет широкое практическое применение. Она используется для корректировки уровня заработной платы в связи с удорожанием стоимости жизни, определения степени обоснованности установления официальных (банковских) валютных курсов (real effective exchange rates), выявления эффективности финансовых программ, экономической оценки ряда других аспектов деловой активности.

INTERNATIONAL RESERVES – резервы средств платежа за границей.

Средства платежа за границей, находящиеся в распоряжении национальных денежно-кредитных учреждений для финансирования несбалансированных внешнеэкономических платежей, а также для влияния на обменный курс национальной валюты.

INTERNATIONAL STANDARD CLASSIFICATION OF EXTERNAL ECONOMIC ACTIVITY – международные стандартные классификаторы внешнеэкономической деятельности.

Разграничение внутрихозяйственной и внешнеэкономической деятельности в мировой статистической практике осуществляется на основе концепции классификационной единицы, т.е. резидента национального хозяйства (*residents of an economy*). Совокупность хозяйственных единиц, рассматриваемая на основе этой концепции как "внутренняя экономика", подразделяется на отрасли в зависимости от характера деятельности.

Международная стандартная хозяйственная классификация видов экономической деятельности (*International Standard Industrial Classification of all Economic Activities*) относит предприятия, специализирующиеся на экспорте и импорте видимых товаров, к оптовой торговле; международную перевозку грузов – к транспорту; международные расчетные, финансовые операции и операции, связанные с прямыми капиталовложениями за рубежом, – к финансовому посредничеству; международные страховые операции – к страхованию и страховому обеспечению и т.д.

INTERNATIONAL STANDARD INDUSTRIAL CLASSIFICATION OF ALL ECONOMIC ACTIVITES (ISIC) – Международная стандартная хозяйственная классификация видов экономической деятельности (МСКХ).

Методологическое руководство, рекомендуемое ООН, по объединению хозяйственных единиц [entity] в экономические классы отраслей, укрупненные и специализированные отрасли. В качестве классификационной единицы используется статистическая единица – преимущественно типа заведения [establishment-type units]. Хозяйственные единицы в МСКХ группируются в отрасли по признакам основного вида их деятельности независимо от того, являются ли они частью корпорированного предприятия или находятся в индивидуальной собственности, или принадлежат государству. По третьему варианту МСКХ, утвержденному Экономическим и социальным советом ООН (май 1989 г.), экономическая активность разбивается на следующие сферы деятельности: сельское хозяйство, охота, рыболовство; горнодобывающая промышленность и разработка карьеров; обрабатывающая промышленность; электроэнергия; газ и водоснабжение; строительство; оптовая и розничная торговля; ремонт автомобилей, мотоциклов, бытовых товаров и предметов личного пользования; гостиницы и рестораны; транспорт, складское хозяйство и связь; финансовое посредничество; операции с недвижимым имуществом, аренда и коммерческая деятельность; государственное управление и оборона; обязательное социальное страхование; образование; здравоохранение и социальные услуги; прочие коммунальные, социальные и индивидуальные услуги; частные домашние хозяйства с наемным обслуживанием.

INTERNATIONAL STANDARDS OF ACCOUNTING AND REPORTING — Международный стандарт учета и отчетности.

Международный бухгалтерский стандарт и универсальная система финансовой отчетности о деятельности транснациональных компаний и совместных предприятий (*joint venture*) возможны при сплошном документировании хозяйственных операций (*transaction*), ведении учета по двойной системе балансовых проводок, регулярной инвентаризации оборотных средств и составлении бухгалтерского баланса.

INTERNATIONAL TOURISM — иностранный туризм.

Путешествие (*travel*), совершаемое посетителем (*visitor*) в зарубежные страны для деловой деятельности или как официальные, научные и личные поездки. За время пребывания за границей посетитель пользуется услугами гостиниц, транспорта, коммунально-бытовых, культурно-развлекательных учреждений, питается в ресторанах и кафетериях, приобретает товары в виде сувениров. Поэтому иностранный туризм как вид внешнеэкономической деятельности рассматривается как коммерческие операции нерезидентов, совершаемые в форме покупок товаров и услуг на внутреннем рынке зарубежного государства.

В балансовой статистике под термином "иностранный туризм" понимаются инвалютные поступления и расходы, связанные со служебными командировками и путешествиями в зарубежные страны.

INTERNATIONAL TRADE SERVICE TRANSACTION — внешнеэкономические операции с услугами. Вид внешнеэкономической деятельности, проявляющейся в форме перевозок товаров из одной страны в другую, иностранных туристов, услуг иностранных банков и финансовых учреждений, коммунальных услуг, общеобразовательных, медицинских услуг, деловых услуг. Строительство как вид международных услуг — это работы за границей по сооружению объектов, выполняемые предприятиями-резидентами на временной основе (менее года).

INTERNATIONAL TRANSACTION ON ACCRUAL BASIS — внешнеторговые операции в счет авансовых платежей иностранной валютой.

Вид международных коммерческих сделок об обмене реальных ресурсов на инвалютные финансовые активы в форме долговых обязательств.

INTERNATIONAL TRANSACTION ON CASH BASIS — внешнеэкономические операции за наличную иностранную валюту.

Форма международных коммерческих сделок, предусматривающая прямой обмен реальных ресурсов на инвалютные финансовые активы.

INTERNATIONAL TRANSFER PAYMENTS — международные трансфертные платежи.

Некоммерческие внешнеэкономические операции, имеющие форму односторонних потоков материальных ценностей и финансовых средств. Международный тарнсфертные платежи — это ресурсы, переводимые из одной страны в другую без какой-либо компенсации.

Трансферты в платежном балансе определяются как проводки, балансирующие предоставление реальных ресурсов (товары, услуги) или финансовых средств экономики одной страны другой на основе безвозмездности.

Официальные капитальные безвозмездные трансферты включают официальные односторонние трансферты для финансирования капитальных вложений.

ITEM — вид товара, балансовая статья.

В международной статистике потребительских цен термин "вид товара" используется для обозначения наименьшей товарной группы, применительно к которой имеются данные для взвешивания индивидуальных индексов цен. В платежном балансе термин "статья" означает группу однородных внешнеэкономических операций.

ITEMS OF FOREIGN TRADE – статьи внешней торговли.

Товары или услуги, которые данное государство приобретает или реализует на мировых рынках. Подразделяются на три категории: товары [commodities], включающие в себя промышленные изделия, сельскохозяйственную продукцию и другие материальные предметы; услуги [services], в том числе транспортно-экспедиционное обслуживание, страхование и пр.; кредиты [credits], такие, как займы и прочие операции, предусматривающие отчисление и получение процента. Товарные сделки причисляют к видимым [visible] статьям торговли, а сделки по услугам и кредитам – к невидимым [invisible].

INVESTMENT INCOME AS COMPONENT OF CURRENT ACCOUNT – доходы от вложений капитала как компонент счета текущих операций.

Статья счета текущих операций, где учитывается доход резидентов национальной экономики от их финансовых активов, вложенных в банки зарубежных стран.

INVOICE – счет-фактура (платежный документ).

Оформляется, как правило, посредством заполнения стандартной формы и выдается продавцом покупателю для расчетов по отдельным операциям. Содержит обычно следующие данные: имя и адрес покупателя; наименование товара и его цену; пункт, в который товар был доставлен или отгружен; дату совершения операции (сделки); условия продажи.

Некоторые счета-фактуры, особенно оформляемые при международных сделках, содержат гораздо более подробную информацию, в том числе указание валюты, в которой должны производиться расчеты, условия отгрузки, описание маркировки на товаре или его упаковке (таре) и другие данные в соответствии с требованиями правительственных и (или) таможенных органов.

В международной торговле различается несколько разновидностей счетов-фактур.

Коммерческая фактура [commercial invoice] оформляется продавцом по стандартной форме и выдается покупателю.

Предварительный, или временный, счет [preliminary or provisional invoice] выдается, если окончательные детали сделки к моменту отгрузки неизвестны либо если ее условия предусматривают возможный отказ покупателя от товара.

Окончательный счет [final invoice] оформляется для уточнения размеров расчета по сделке и выдается в случаях, когда ранее оформлялись предварительные счета. Счет-меморандум [memorandum invoice] — платежный документ в краткой форме (допускается оформление в письменном виде), не рассматриваемый продавцом в качестве официального. Используется в указанном качестве покупателем.

Таможенная фактура [customs invoice] — специальный счет, прилагаемый к коммерческой фактуре и вручаемый таможенным властям страны-импортера. Заполняется по установленной стандартной форме. Содержит некоторые данные в дополнение к коммерческой фактуре.

Консульская фактура [consular invoice] — особая форма таможенной фактуры. Оформляется в случае, когда требуется специальное подтверждение (легализация) страны-импортера на предмет соответствия импортному лицензированию, для упрощения таможенных процедур либо в целях сбора средств на содержание местных консульств. Невыполнение требования о выдаче импортером легализованных консульских фактур в странах, где это принято, может повлечь за собой осложнения при таможенной очистке товаров либо крупный штраф на импортера. Требования об оформлении консульских фактур чаще всего предъявляются в странах Латинской Америки.

J

JOINT VENTURE – совместное предприятие.

Предприятие, созданное на территории национальной экономики (*concept of an economy of balance payments*) с привлечением иностранного капитала. В условиях неравномерного обеспечения стран собственными природными, трудовыми и финансовыми ресурсами совместное международное предпринимательство стало широко распространенным экономическим явлением.

При внешнеэкономических долгосрочных связях в форме производственного сотрудничества партнеров объединяют не только договорные отношения, но и стабильная база совместной деятельности. Однако во многих странах существуют ограничения на создание и деятельность совместных предприятий в виде лимитов на участие иностранного капитала, требований о преимущественной доле в общем капитале предприятия, установления контроля за деятельностью предприятия со стороны национальных органов власти, передачи административно-управленческих функций местному персоналу, навязывания предельно допустимых норм вывоза прибыли.

JUDGEMENT CURRENCY CLAUSE – оговорка о валюте, установленная для расчетов по решению суда.

Условие, обычно включаемое в соглашение о евровалютных займах. Предусматривает, что в случае неуплаты должником обязательств по займу и вынесения судебного решения о том, что ущерб должен быть возмещен кредитору в валюте, отличной от той, в которой была предоставлена ссуда, должник обязан принять на себя компенсацию возможных убытков от операций по обмену валют. Например, британский заемщик получает в американском банке ссуду в размере 1 млн. дол. и впоследствии оказывается не в состоянии ее погасить. Американский банк в этом случае может возбудить иск в британском суде и получить в свою пользу судебное решение, в соответствии с которым ссуда должна быть погашена в фунтах стерлингов. В этом случае заемщик на основании оговорки о валюте, установленной для расчетов по решению суда, примет на себя убытки, которые может понести банк при переводе фунтов стерлингов в доллары.

К

KEY IMDUSTRY DUTY — налоговый протекционизм ведущих отраслей промышленности. Защита отечественных отраслей промышленности от иностранной конкуренции путем установления высоких импортных пошлин.

KICKBACK — денежное вознаграждение в порядке личной благодарности за содействие в устройстве на работу, больницу и т.д.

KNOCK OFF — подделка, фальшивка.

Незаконная копия товаров, имеющих зарегистрированную торговую марку, защищенных авторским правом или несущих широко узнаваемый фирменный знак. Импорт таких изделий наносит серьезный ущерб производителям, обладающим подлинной фабричной маркой. Таможенные власти располагают правом задерживать подделки в случае, если владельцы или законные пользователи соответствующих торговых марок, авторских прав и пр. зарегистрировали их в таможенном управлении. Кроме того, пострадавшие фирмы вправе применить ответные меры против незаконных торговых операций.

KNOW-HOW — ноу-хау.

Технические знания, производственный опыт, секреты производства, приобретенные данной фирмой в процессе ее деятельности и являющиеся ее собственностью независимо от того, защищено ли такое знание патентом или нет. Могут выступать в форме чертежей, планов, инструкций, технического содействия и пр.

KONDRATIEV'S THEORY OF LARGE CYCLICAL MOVEMENT OF BUSINESS ACTIVITY — теория Кондратьева больших циклов деловой активности.

Теория, изложенная проф. Н.Д. Кондратьевым (1892–1938) в книге "Большие циклы конъюнктуры" (М., 1928), в 60–70-х годах высоко оцененная зарубежными учеными. В настоящее время используется при разработке международных рекомендаций для выявления тенденции развития рыночного хозяйства на основе статистических рядов за длительный период. В соответствии с этой теорией для рыночного хозяйства характерны большие циклы экономической конъюнктуры (*business cycle indicators*), торгово-промышленные циклы и сезонные колебания.

Большие циклы экономической конъюнктуры имеют периодичность в 100—150 лет и состоят из двух фаз — с тенденцией экономического подъема и тенденцией экономического упадка. В период каждой из этих фаз происходят оживление, снижение и депрессия деловой активности. Однако для снижающейся волны большого экономического цикла характерны более продолжительные экономические кризисы и хояйственные депрессии; кратковременны и слабы оживления деловой активности. В начале повышающейся волны большого экономического цикла наблюдаются оживление в сфере технических изобретений и их широком применении в практике и соответствующая реорганизация производственных отношений.

L

LASPEYRES PURCHASING POWER PARITY — паритет покупательной способности валют по формуле Ласпейреса.

Международный индекс, показывающий соотношение уровня цен двух стран с учетом сложившейся структуры национальной экономики. Определяется по формуле Ласпейреса с целью выявления покупательной способности отечественной валюты.

LEASING — лизинг.

Среднесрочная и долгосрочная аренда движимого имущества производственного назначения: машин, оборудования, транспортных средств и т.д.

Этот вид имущества, как правило, на контрактной (договорной) основе приобретается во временное пользование специализированными лизинговыми компаниями и сдается в аренду потребителям (финансовый лизинг).

Лизинг позволяет сохранить ликвидность (не нужно покупать оборудование), тем самым ускоряет обновление активной части основных средств производственного назначения.

Предоставление каким-либо юридическим лицом другому юридическому лицу права пользоваться своей собственностью за регулярно выплачиваемое вознаграждение.

LESS THAN FAIR VALUE — заниженная экспортная цена.

Контрактная цена на экспортируемый товар, сознательно установленная в целях повышения конкурентоспособности на мировом рынке, ниже внутренней цены на подобный продукт или изделие. Такие коммерческие операции расцениваются как демпинг (*dumping*).

LETTER OF COMFORT — рекомендательное письмо.

Заявление (обычно в письменной форме), сделанное банком или иной коммерческой единицей, аттестующее достоинства, финансовое положение или репутацию другой единицы. Содержит также ясное указание на то, что его автор воздерживается от какой-либо ответственности по обязательствам поименованной в письме стороны.

Обычно составляется материнской компанией в отношении наиболее надежных клиентов при совершении кредитных или финансовых сделок.

LETTER OF CREDIT — аккредитив.

Документ, выписанный (эмитированный) коммерческим банком (эмитентом) и свидетельствующий о том, что последний принимает на себя обязательство по оплате тратт (*draft*), выставленных в соответствии с оговоренными условиями. Лицо, в пользу которого выписан аккредитив, называется бенефициаром, или получателем [beneficiary]. Лицо, от имени которого банк выписывает аккредитив и производит оплату, называется аппликантом или заявителем [applicant]. Аккредитив может быть отзывным [revocable], т.е подлежащим возможному отзыву или исправлению со стороны заявителя, либо безотзывным [irrevocable], т.е. не подлежащим отзыву или исправлению, за исключением тех случаев, когда на это имеется согласие бенефициара. Кроме того, аккредитив может быть подтвержденным [confirmed] или неподтвержденным [unconfirmed]. Подтвержденным считается аккредитив, в соответствии с которым другой банк (отличный от банка-эмитента) принимает на себя обязательство по оплате должным образом оформленных и представленных тратт. По неподтвержденному аккредитиву ответственность несет только банк-эмитент. Как правило, за подтверждение банк взимает соответствующую плату с заявителя или получателя.

По выполнении действий, оговоренных в аккредитиве (обычно отгрузки товаров), что вытекает из подтверждающих эти действия документов, банк акцептует тратту получателя. Такая тратта становится банковским акцептом (*banker's acceptance*).

Если по условиям аккредитива тратты являются предъявительскими [drafts at sight], то банк погашает их наличными деньгами по предъявлении. Если же они определяются как срочные [time drafts], например тратты с оплатой через тридцать дней с даты предъявления [drafts at thirty days sight], то бенефициар может удерживать их до наступления срока платежа или дисконтировать в акцептующем банке либо другом финансовом учреждении. В большинстве случаев к траттам прилагаются коносаменты, счета и прочая документация.

Если тратты или иные представленные документы не в полной мере удовлетворяют условиям аккредитива, то они называются несоответствующими [discrepancy]. Банк в этом случае не обязан акцептовать такие документы или оплачивать их без подтверждения заявителя. Любое представление документов, оформленных не в точном соответствии с требованиями аккредитива, называется несоответствующим представлением [discrepancy presentation].

Признавая интернациональный характер аккредитивов и необходимость стандартизации терминологии, используемой при операциях с ними, международное деловое сообщество в лице Международной торговой палаты [International Chamber of Commerce] разработало общий свод соответствующих правил, известных под названием "Единая методика и практика использования аккредитивов" [Uniform Customs and Practices].

LETTER OF CREDIT CLAUSE — аккредитивная оговорка.

Условие полиса, выданного страховым обществом, обеспечивающее защиту экспортера от риска утраты или ущерба на время перевозок товаров до получения причитающихся платежей по аккредитиву.

LETTER OF INDEMNITY — гарантийное письмо.

Документ, который обычно выдается при недостаче или повреждении груза. В этом случае перевозчик вправе оформить так называемый нечистый коносамент [foul bill of lading], который не позволит грузоотправителю получить деньги по аккредитиву.

LINKING THE RESULTS OF REGIONAL INTERNATIONAL COMPARISON — обобщение результатов региональных международных сопоставлений ООН.

Первые три этапа международных сопоставлений ООН (1970, 1973 и 1975) имели целью апробирование и совершенствование методологии исчисления реального внутреннего продукта и покупательной способности валют (*purchasing power parities*).

Разработка программы и ее практическая реализация первоначально осуществлялись Статистическим бюро ООН и национальными службами с участием специалистов Пенсильванского университета США. На четвертом этапе проведения совместных обследований (1980 г.) координацию работ, предусмотренных Проектом международных сопоставлений (*International Comparison Programm*), стали осуществлять региональные статистические комиссии ООН.

Результаты региональных международных сопоставлений агрегируются в виде данных международной статистики, позволяющей производить сравнение уровней национальных цен и душевых объемов реальных доходов для любой пары стран–участниц Проекта международных сопоставлений ООН.

Официальные результаты международных сопоставлений ООН должны отвечать требованиям "фиксированности", т.е. первоначальные итоги, полученные при региональных международных сопоставлениях, должны оставаться неизменными. Требование "фиксированности" достигается при обобщении результатов региональных сопоставлений индексным методом с помощью "связующего звена", которым является "страна" или "товар" (единый список товаров-представителей).

LIQUIDITY RATIO — коэффициент ликвидности.

Отношение количества денег, используемых как средство платежа (M_1), к денежной массе в широком экономическом значении (M_3), включая капиталовложения в ликвидной форме, которые легко можно перевести в средства платежа без риска финансовых потерь для держателя капитала (*money*).

LIQUIDITY RATIONING — рационирование ликвидных средств.

Регулирование органами центрального банка денежной массы в обращении страны. Центральный банк контролирует денежную массу и распределение фондов по отраслям экономики посредством замораживания резервных активов, интервенции на денежном рынке и пр.

LOADING — лодинг.

Премия за риск в дополнение к процентным и акцептным платежам, взимаемая банком или учетным домом с номинальной стоимости переводного векселя (*bill of exchange*), представленного для учета (дисконтирования). Ставка лодинга варьируется в зависимости от репутации, престижа и кредитоспособности плательщика по векселю и индоссантов, а в ряде случаев – также и от операции, послужившей основанием для оформления векселя.

LOAN AS EXTERNAL MEANS OF FINANCING – займы как внешние финансовые источники.

Соглашение между национальными и иностранными правительственными или финансовыми учреждениями, отражающее результаты взаимной договоренности о величине заемных платежных средств, цене займа (размере выплачиваемого процента), периоде и условиях погашения долга.

Основным критерием классификации внешних займов служит определяемый соглашением или контрактом срок их выплаты. Займы считаются краткосрочными, если они представляются на срок не более двух лет. Потребность в заемных платежных средствах на такой период особенно часто возникает при осуществлении внешнеторговых операций. Среднесрочные и долгосрочные займы (срок погашения более двух лет) при международных внешнеэкономических сделках рассматриваются как источник финансирования национального капитального строительства.

LOAN PRICING – ссудное ценообразование.

Порядок определения финансовым учреждением наиболее эффективной процентной ставки по предлагаемой ссуде или займу. Включает в себя калькуляцию дохода от комиссионных за обязательства [commitment fees], а также компенсационный остаток сверх номинальной ставки процента.

LONG BILL – долгосрочный вексель.

Переводный вексель (*bill of exchange*), срок погашения которого составляет не менее тридцати дней с даты предъявления. На практике, однако, термин используется применительно к векселям со сроками оплаты 60–90 дней.

LONG RATE – процентная ставка по долгосрочным векселям.

Вносится банком или брокером по валютным операциям за долгосрочные векселя (*long bill*), погашаемые за границей.

LONG-TERM CAPITAL INFLOWS TO NATIONAL ECONOMY – поступление в национальную экономику долгосрочного капитала.

Раздел платежного баланса, статьи которого регистрируют поступление из-за рубежа капитала в виде прямых иностранных инвестиций (*direct investment as component of capital account*), торговых кредитов для закупки на мировом рынке товаров с первоначальным контрактным сроком погашения свыше года, а также займов, произведенных правительственными органами и частными производственными хозяйственными единицами, с первоначальным контрактным сроком погашения свыше года (*international lending*).

LONG-TERM CAPITAL TRANSACTIONS — операции с долгосрочным капиталом.

Одна из форм учета национального платежного баланса (*balance of payments*), представляющая собой сальдо по займам и ссудам на срок более одного года, предоставленным иностранным государствам или полученным от них, включая прямые и портфельные инвестиции.

LOSS PAYEE — компенсация за убытки.

Поименованное в страховом полисе (*policy*) физическое или юридическое лицо, которому надлежит получить возмещение по предъявленному иску. Чаще всего таким лицом является банк или иное финансовое учреждение, связанное с застрахованным товаром финансовыми интересами.

M

MARGIN — маржа, остаток, разница.

В договорах о займах — разность между стоимостью товара и размером выданных под него денежных ссуд. В биржевых операциях — разность между ценой по срочному контракту и последующей котировкой, т.е. разница между курсом покупателя и курсом продавца.

MARGIN OF PROFIT — размер выручки.

Показатель финансовой статистики, используемый при определении степени прибыльности той или иной хозяйственной единицы. За основу балансирования доходов и расходов берется показатель "валовая прибыль" [gross margin]. Валовая прибыль — это выручка от продажи товаров и услуг. Разница между валовой прибылью и стоимостью текущих производственных затрат [opereting expenses] — это чистая прибыль [net profit].

MARGINS OF FLUCTUATION — колебание курсов валют, цен.

При биржевых операциях — это разница между курсом (ценой), в пределах которого брокер имеет полномочия купить или продать товар.

MARKET PRICE EQUIVALENTS — эквивалент рыночной цены.

При составлении платежного баланса (*balans of payments*) стоимостные оценки бартерных сделок (обмен товаров непосредственно на другие товары) и операции в форме передачи имущества по лизингу (*financial leasing*) производятся на основе расчетных денежных единиц, которые формируются по аналогии с рыночными ценами, сложившимися в сходных внешнеэкономических условиях.

MARKET SERVICES — рыночные услуги.

Услуги, являющиеся объектом торговых операций (купли-продажи), издержки производителя, которые целиком или в значительной мере возмещаются за счет выручки от их реализации. В СНС (*System of National Accounts*) к категории рыночных относятся услуги, предоставленные наемным работникам в виде оплаты труда в натуре, а также услуги, производимые для себя владельцами жилых помещений.

MATERIAL PRODUCT ACCOUNT'S CONCEPT OF THE INTERNAL ECONOMY — концепция внутренней экономики баланса народного хозяйства.

Понятие "внутренняя экономика" при выявлении внутренних результатов внешнеэкономических связей трактуется в БНХ (*Balance of National Economy*) как совокупность хозяйственных единиц, расположенных и осуществляющих свою производственную деятельность на территории данной страны. К внутриотечественной категории относятся также предприятия и организации данного государства, функционирующие за рубежом.

MEANS OF PAYMENT — средства платежа.

Денежные знаки и финансовые инструменты, используемые для расчетных операций на территории страны и за ее пределами. Внутри страны платежи домовладельцами осуществляются за наличные деньги или с помощью кредитных карточек и чеков, оплачиваемых банками по указанию владельцев срочных вкладов. Межбанковские платежи производятся путем перевода денежных средств со счета одного финансового учреждения на счет другого финансового учреждения.

При платежах за границу используются международные платежные средства: монетарное золото, иностранная валюта, специальные права заимствования и т.д.

MEANS OF SUBSISTENCE — средства существования.

В международной сравнительной социальной статистике под термином "средства существования" понимается определенный набор товаров и услуг, потребляемых семьей из 3—4 человек. Стоимость типовой корзины минимально необходимых товаров и услуг является важнейшим фактором, определяющим ставку (уровень) заработной платы.

MEASURE OF ECONOMIC DEVELOPMENT AT NATIONAL AND INTERNATIONAL LEVEL — соизмеритель экономического развития на национальном и международном уровне.

Измерителем хозяйственной деятельности страны, получившим всеобщее признание, является показатель "валовой национальный продукт" (ВНП) (*gross national product*), который количественно характеризует общий размер дохода (включая амортизационные отчисления) от реализации товаров и услуг как на внутреннем, так и на внешнем рынке. На современном уровне международного разделения труда внешнеэкономические сделки осуществляются не только на двусторонней основе, но и через посредников, которыми являются как фирмы и финансовые учреждения третьих стран, так и транснациональные компании и международные банки. В целях выявления места и роли того или иного государства в мирохозяйственных процессах Секретариат ООН регулярно собирает от национальных статистических служб информацию на основе единых методологических принципов. В качестве международного стандарта уровня экономического развития национальной экономики рекомендовано использовать показатель "валовой внутренний продукт" (ВВП) (*gross domestic product*), который, в отличие от ВНП, не учитывает чистые трансферты из-за рубежа.

MERCHANDISE — движимые (видимые) товары.

Товары, в результате ввоза (вывоза) которых из-за рубежа увеличиваются (уменьшаются) материальные ресурсы страны. Международная статистика внешней торговли к этому понятию относит видимые товары, ввозимые или вывозимые из страны как в результате коммерческих сделок, так и в виде технической помощи ООН или безвозмездной помощи других стран. В платежном балансе (*balance of payments*) — это движимые (видимые) товары, собственность на которые при осуществлении внешнеэкономических операций переходит от резидента страны к резиденту другого государства (*residents of an economy*). Стоимостный объем товаров, увеличивающих или уменьшающих материальные ресурсы страны, учитывается в рыночных ценах. В статистике внешней торговли учет экспортных товаров производится в ценах ФОБ, или франко-граница страны-экспортера (*f.o.b. (free on board) value*), а импортных товаров — в ценах СИФ, или франко-граница страны-импортера (*c.i.f. (cost, insurance, freight) value*). Экспорт и импорт в текущем счете платежного баланса учитываются на основе данных таможенной статистики в ценах ФОБ, т.е. при условии продажи товара, когда цена товара включает помимо его стоимости расходы по доставке и погрузке товара на борт судна.

MERCHANDISE INVENTORIES – товарные запасы в розничной торговле.

Наличные резервы товаров, предназначенные для продажи через торговую сеть. Стоимостная (инвентаризационная) оценка товарных запасов осуществляется на основе бухгалтерских документов фирм. Учитываются лишь запасы товаров, находящиеся на складах торговых предприятий. При этом оцениваются запасы только тех складских помещений, из которых товары непосредственно доставляются на прилавок для продажи.

В стоимость товарных запасов не включаются расходы, связанные с использованием складского здания, оборудования, материалов, которые не предназначены для прямой продажи. Стоимостная оценка товарных запасов производится на основе данных о себестоимости произведенной продукции. У компаний, занятых как производством, так и реализацией продукции, запрашиваются статистические данные о затратах, связанных с перемещением оцененных по себестоимости товаров внутри компаний от мест производства или складских помещений до мест розничной торговли.

MERCHANTING ABROAD – перепродажа товаров за границей.

Внешнеэкономическая операция, которая в руководстве МВФ (*International Monetary Fund*) по платежному балансу (*balance of payments*) определяется как сделка, в результате которой "товары приобретаются, а затем вновь продаются, не пересекая границ национальной экономики, в пределах которой проживает их временный владелец". Представляет собой промежуточное звено между товарными операциями, которые характеризуются изменением права собственности между резидентами и нерезидентами (*residents of an economy*), и брокерскими операциями, которые касаются товаров, не ввозимых на территорию страны. Как внешнеэкономическая операция относится к категории внешнеторговых услуг.

MINIMUM STANDARDS OF LIVING – минимальный стандарт жизни.

Стоимостный объем набора минимальных физических средств существования (пища, одежда, обувь, жилье) семей, самостоятельно обеспечивающих себя денежными средствами. Минимальный стандарт жизни часто называют "потребительским минимумом". Семьи, которые потребительский минимум не могут удовлетворить за счет собственных денежных средств, относят к категории "бедных". Эта категория людей нуждается в социальных пособиях и льготах.

MONETIZATION OF GOLD — монетизация золота.

Монетизация (кредит) и демонетизация (дебет) золота сходны, но по своей основе не аналогичны распределению и аннулированию специальных прав заимствования (СПЗ) (*allocation of special drawing rights–SDR*).

Банковские запасы — один из финансовых активов, поскольку золото всегда с готовностью принимается в качестве эквивалента финансовых требований к иностранному контрагенту. Таким образом, количественные изменения золотого запаса государства влекут за собой явные изменения количественного состояния заграничных финансовых активов данного национального хозяйства. Такие изменения должны быть отражены в платежном балансе (*balance of payments*) наряду с контрпроводками, уравновешивающими монетизацию или демонетизацию и соответствующими увеличению (дебет) или уменьшению (кредит) портфеля заграничных финансовых активов.

Подобное явление в принципе характерно и для ситуаций, когда в операции принимает участие только одна экономическая единица (как правило, учреждение в системе центральных органов). В отличие от размещения или ликвидации СПЗ монетизация или демонетизация золота практически не отражается на состоянии национального богатства, кроме случая, когда тому же самому золоту как товару может быть вменена стоимость, отличная от той, которой оно обладает как финансовый актив.

MONEY — денежная масса.

Показатель финансовой статистики, с помощью которого оценивается количество денег в обращении. Центральные банки стран с рыночной экономикой в целях обуздания инфляции (*inflation*) и поддержания экономического роста постоянно стремятся регулировать денежную массу.

Количественное изменение денежной массы в обращении оказывает влияние на уровень процентных ставок. Если последние повышаются, возникает тенденция к замедлению экономического роста, уменьшению экспортных возможностей страны, сокращению внутреннего рынка и соответственно уменьшению спроса на импортные товары. Снижение процентных ставок стимулирует экономический рост, но создает предпосылки для развития инфляционных процессов.

В международной финансовой статистике денежная масса учитывается по следующим группам:

M_1 — банкноты, монеты, дорожные чеки, вклады до востребования в депозитных учреждениях;

M_2 — наличные деньги, депозиты до востребования, вклады в коммерческих банках;

M_3 — денежный оборот, при оценке которого помимо M_1 и M_2 учитываются вклады в кредитных банках.

Наиболее стабильна, по утверждению специалистов Федеральной резервной системы (Центрального банка) США, скорость обращения денежной массы группы M_2. Это открытие позволило им составить математическое уравнение, с помощью которого с высокой степенью точности можно определить перспективы изменения уровня национальных цен — масштаба инфляции.

MONETARY AGGREGATE — денежный агрегат.

Совокупность финансовых активов (*financial assets*), используемых как средство обращения (*medium of exchange*), средство накопления (*store of value*), средство платежа (*effecting payment*).

В соответствии с традиционными концепциями, определяющими экономическое содержание показателей международной финансовой статистики, деньги — мера стоимости (*unit of account*) и соизмеритель величины задолженности (*liquidity*). В методологическом руководстве Международного валютного фонда по ведению финансовой статистики говорится о различии в понятиях "деньги" и "кредит". Экономическая категория "деньги" характеризуется как совокупность обязательств банков (*collection of liabilities*), а понятие "кредит" — как совокупность банковских *collection of assets*). В банковской же деятельности существует тесная связь между денежной массой и кредитом.

MONETARY INSTRUMENTS — денежные инструменты.

Показатели международной финансовой статистики, характеризующие объем и структуру денежной массы в широком понимании (*broad money*). Статистическая оценка денежной массы производится на основе данных банковских балансов финансовых операций с обязательствами (*tran-

saction in liabilities); наличные деньги, выпущенные как центральным, так и другими банками [*currency issued by central and other banks*]; переводные депозиты [*transferable deposits*]; свободно обращающиеся депозитные сертификаты [*negotiable certificates of deposit*]; банковские коммерческие бумаги (*bank commercial paper);* банковские акцепты (*banker's acceptances);* долгосрочные ценные бумаги *(long-term securities).*

MONEY SUPPLY – количество денег в обращении.

Обобщающий показатель платежных операций, осуществляемых с помощью денег или иных приравненных к ним финансовых инструментов. В основу его расчета положена методология учета денежной массы (*money*), принятая международной финансовой статистикой. При статистической оценке денежной массы, находящейся в обращении, особое внимание уделяется деньгам в узком понимании (*narrow money*). Количество монет, банкнот и обратимых бессрочных вкладов является той частью денежной массы, которая может свободно использоваться как средство платежа.

MORTGAGE CERTIFICATE – залоговое свидетельство.

Документ, подтверждающий факт передачи товара кредитору, который обязан возвратить материальные ценности их владельцам после ликвидации или своего долга и выплаты соответствующих процентов.

MULTIYEAR DEBT RESCHEDULING AGREEMENT – соглашение о многопериодном пересмотре финансовых обязательств по внешнему долгу.

Официально подписанный кредиторами документ, в соответствии с которым предусматривается серийный пересмотр сроков долговых платежей, которые начинают осуществляться автоматически после выполнения заранее оговоренных условий. Цель данного соглашения – помочь восстановить нормальные деловые отношения между должником и кредитором путем регулирования платежного баланса (*balance of payments*) страны-заемщика.

N

NARROW MONEY — денежная масса в узком понимании.
Показатель международной финансовой статистики, количественно характеризующий денежную массу в виде банкнот и монет, находящихся за пределами банков и депозитных учреждений; дорожных чеков, выпущенных учреждениями, не входящими в банковскую систему; депозитных вкладов до востребования в сберегательных банках; аккредитивов учреждений, не входящих в банковскую систему.

NATIONAL ECONOMY — национальная экономика.
Совокупность хозяйственных единиц, экономическая деятельность и деловые интересы которых преимущественно проявляются в пределах территории своего государства.

NATIONAL INCOME — национальный доход.
Один из основных показателей международной балансовой статистики. В Системе национальных счетов — это сумма доходов, полученная после возмещения производственных затрат нормально функционирующих хозяйственных единиц страны до вычета прямых налогов. Национальный доход равен суммарной величине заработной платы, прибыли от предпринимательской деятельности, ренты, дивидендов, увеличивающих собственность домодержателей, сбережений корпораций, прямых налогов на корпорации и общего дохода правительственных учреждений от собственности и предпринимательской деятельности.

Национальный доход в балансе народного хозяйства — это стоимостная оценка вновь созданного продукта в сфере материального производства. Вновь созданная стоимость, исчисляемая как разность между валовой продукцией и промежуточным производственным потреблением, представляет собой, с одной стороны, денежную оценку совокупности материальных благ для потребления и накопления, а с другой стороны — сумму первичных доходов отраслей материального производства.

NET FACTOR INCOME FROM REST OF WORLD – чистый факторный доход из остальных стран мира.

Разница (сальдо) между факторными доходами, полученными из-за рубежа, и факторными доходами, переведенными за границу.

NET INTEREST – чистый процент.

Прибыль от банковского предпринимательства за вычетом взаимных платежей в счет процентов, получаемых от финансовых операций.

NONCOMMERCIAL TRANSACTIONS – некоммерческие внешнеэкономические операции.

Реальные ресурсы, поставляемые той или иной страной ее нерезидентам [non-resident of an economy] на безвозмездной основе. Соответствующие и равные между собой стоимостные объемы отражаются в платежных балансах (*balance of payments*) как поставщика, так и получателя в расчетных денежных единицах, равных национальным рыночным ценам.

NON MARKET SERVICES – нерыночные услуги.

Услуги, издержки по производству которых целиком или в основном возмещаются из государственного бюджета, добровольных денежных взносов или доходов от собственности. Удовлетворяют как индивидуальные нужды населения (здравоохранение, просвещение, отдых), так и коллективные потребности общества (государственное управление, оборона, социальное страхование и т.д.).

NOTES AND BONDS CONVERTIBLE INTO LOCAL EQUITY – векселя и облигации международных банков, свободно обмениваемые на местные акции. Ценные бумаги, выпускаемые для того, чтобы страна-должник могла в качестве международного расчетного средства использовать местные акции. Цель этой финансовой операции – облегчить бремя обслуживания внешнего долга и стимулировать деловую активность страны.

O

OBSERVATION OF INTERNATIONAL TRADE STATISTICS – совокупность товаров, учитываемых международной статистикой внешней торговли.

В соответствии с положением об унифицированном понятии "единица наблюдения" международной статистикой внешней торговли учитываются: видимые товары (*merchandise*), увеличивающие или уменьшающие национальное богатство страны; немонетарное золото, которое не выступает в качестве платежного средства; товары, поставляемые в счет взносов в фонд технической помощи ООН, дары, безвозмездная помощь, займы; товары военного назначения; электрическая энергия, вода, поставки товаров по трубопроводам (нефть, газ); почтовые посылки личного характера по их оценочной стоимости, проходящие через таможню; бункерное топливо, горючее, продовольствие и материалы, продаваемые для иностранных судов, самолетов и грузовых автомобилей в речных и морских портах, аэропортах и на заправочных станциях и соответственно закупаемые для отечественных судов, самолетов и грузовых автомобилей за границей; товары, арендуемые на срок в один год и более; реэкспортные товары с завозом в страну; товары, проданные и соответственно купленные через консигнаторов независимо от времени их вывоза и ввоза; товары, проданные и соответственно купленные на ярмарках, выставках и т.п., проводимых на территории страны и за границей независимо от времени вывоза и ввоза товаров; улов рыбы и других морских продуктов, продаваемых (приобретаемых) в нейтральных и иностранных водах (на условиях концессий); ценные бумаги, банкноты и моменты, не находящиеся в обращении (учитываются по их коммерческой стоимости); товары, вывезенные и завезенные для обработки (переработки).

ON-LENDING – кредитование специального назначения.
Внешнеэкономические займы, предназначенные для конкретного делового использования преимущественно в

частном секторе экономики. Кредитование специального назначения на основе договора с правительством о заимствовании у иностранного кредитора финансовых средств на конкретные производственные цели при выполнении согласованных финансовых обязательств способствует поддержанию на должном уровне двусторонних коммерческих связей.

OPERATIONAL LEASING – лизинг в целях эксплуатации движимой собственности.

Аренда машин, оборудования без оператора; прокат бытовых товаров длительного пользования и предметов личного пользования.

OPTIONS – опционы, финансовые сделки с премией.

Средство кредитно-денежного регулирования делового риска. Это финансовая сделка с правом выбора условий проведения деловой операции (премии). Финансовые сделки с так называемой премией осуществляются в форме валютных опционов (*currency options*), процентных опционов (*interest rate options*) и товарных опционов (*commodity options*). Преимущество, получаемое за определенную плату (премию) в процессе заключения коммерческих соглашений и контрактов о сделках.

OUTPUT OF FOREIGN TRADE – внешнеторговая выручка (продукция).

При составлении баланса народного хозяйства (*Balance of National Economy*) результаты внешнеторговой деятельности определяются как разница между стоимостью импортных товаров, проданных на рынке страны-покупателя по внутренним ценам, и стоимостью отечественных экспортных товаров в тех же ценах. Объем продажи импортных товаров на внутреннем рынке характеризуется величиной выручки, полученной предприятиями оптовой и розничной торговли страны. Экспортные поставки – это товарная продукция в ценах предприятия с учетом дополнительных затрат, связанных с ее доставкой до границы, хранением, страхованием.

В методологических положениях по составлению БНХ изложенный выше метод определения стоимости продукции внешней торговли рекомендуется использовать при условии сбалансированности ее оборота. В этом случае измеряемый в международных денежных единицах объем экспорта равняется объему импорта. Если же после пересчета всех стоимостных объемов купли и продажи товаров на зарубежных рынках в национальную валюту по официальным курсам импорт превышает экспорт, то разница между экспортом и импортом во внутренних ценах уменьшается на внешнеторговое сальдо. Если экспорт в мировых ценах превышает импорт, разница соответственно увеличивается на внешнеторговое сальдо.

OVERVIEW OF THE REVISED SNA — общая характеристика пересмотренной Системы национальных счетов (СНС) ООН.

Система национальных счетов ООН 1993 г. — это усовершенствованный комплект (*set*) сводно-экономических счетов (*economic accounts*), балансовых ведомостей (*balance sheets*), показатели которых соответствуют общепризнанным в мире экономическим концепциям (*concepts*), понятиям (*definitins*), классификаторам (*classifications*) и правилам бухгалтерского учета (*accounting rules*).

СНС ООН в ее последнем варианте предназначена для обобщения отчетных данных на уровне отдельных хозяйственных единиц (*institutional units*), секторов институционных единиц (*sectors*) и всей экономики в целом (*total economy*). Результаты хозяйственной деятельности страны по-прежнему оцениваются величиной валового внутреннего продукта (*gross domectic product*). Однако исчисление этого показателя не стало являться основной целью национального счетоводства. Новая СНС состоит из взаимосвязанных составных частей—балансовых таблиц, показатели которых фиксируют не только различные виды экономической деятельности, но и размер активов и пассивов на начало и конец отчетного периода. В последнем пересмотренном варианте СНС дана более детальная разбивка сектора "домашние хозяйства" (*household sector*) на подсекторы, что дало возможность более тесно увязать эту балансовую статистику с системой (матрицей) социальных показателей (*social accounting matries*). Неотъемлемой частью новой СНС является межотраслевой баланс, позволяющий сравнивать затраты на товары и услуги с выручкой от их реализации на внутреннем и внешнем рынках (*balancing supply and demend*).

P

PAASCHE PURCHASING POWER PARITY — паритет покупательной способности валют по формуле Пааше.

Соотношение уровня цен единого набора товаров-представителей собственной страны и иностранного государства, обобщенное в виде паритета валют с помощью показателей структуры экономики зарубежной страны-соизмерителя.

PAYMENT'S TRANSACTION — экономические операции по платежному балансу.

В платежном балансе (*balance of payments*) фиксируются внешнеэкономические операции, которые могут быть не связаны с денежными платежами, а некоторые из них не предусматривают каких бы то ни было платежей вообще. Самые многочисленные и наиболее важные из учитываемых в платежном балансе — это операции, в процессе которых одна из участвующих сторон (экономических единиц) передает другой стороне стоимостный объем продукта, созданного в рамках данной национальной экономики [economic value], получая взамен равный стоимостный объем продукта другой стороны. Такие операции могут быть названы обменными [current transaction].

Стоимостный объем как продукт обмена подразделяется в широком смысле на две категории — реальные ресурсы, включающие в себя товары, услуги и доходы [goods, services, income], и финансовые средства [financial means]. С финансовыми средствами связан не только переход права собственности по существующим требованиям и обязательствам, но также ликвидация последних либо создание новых требований и обязательств.

Операции, в процессе которых совершаются односторонние трансферты (*unilateral transfers*), отличаются от обменных операций тем, что в данном случае одна из сторон передает другой некоторый стоимостный объем, не получая взамен эквивалентной компенсации. Распределение или аннулирование специальных прав заимствования (*allocation of special drawing rights* – *SDR*) сходно с односторонними трансфертами в том, что в данном случае резидент получает либо отдает финансовые активы, не обменивая их на объект, обладающий стоимостным объемом. Отличается от односторонних трансфертов тем, что участвует только одна сторона (резидент), и, таким образом, переход активов от одной экономической единицы к другой не происходит.

POLICY – полис.

Документ, отражающий финансовые условия реализации коммерческой сделки о страховании. При внешнеторговых операциях объектом страхования является товар, предназначенный для продажи за границей или купленный на внешнем рынке. Практикуется также страхование внешнеторговых кредитов от неуплаты задолженности [foreign credit insurance association].

POVERTY – бедность, нищета.

Термин международной сравнительной социальной статистики, который применяется, когда в обществе имеются такие условия жизни для определенных слоев населения, при которых остро ощущается недостаток в средствах существования [means of subsistence].

PRICE AS MEASURE FOR ACCOUNTING OF PERFORMANCE – цена как мера стоимостной оценки экономического состояния страны.

Система цен – один из важнейших инструментов сводно-экономической балансовой статистики. Мировой банк (*World Bank*), оказывающий финансовую поддержку Программе международных сопоставлений ООН (*International comparison programme*), рекомендует для исчисления валового внутреннего продукта (*gross domestic product*) использовать два стандарта стоимостной оценки национального дохода (*Standards of national income valuation*). По мнению экспертов Международного мирового банка, измерение объема накопления как потенциального резерва развития производства товаров и услуг целесообразнее всего осуществлять по факторной стоимости (*factor costs*). При выявлении уровня жизни должны использоваться цены конечного потребления.

PRICE INDEX FOR GROSS NATIONAL PRODUCT (GNP) – индекс цен валового национального продукта (ВНП).

Относительный показатель, характеризующий степень влияния изменения уровня цен на динамику стоимостного объема валового национального продукта (gross national product). Дефлятор ВНП (масштаб инфляции) определяется на основе индекса потребительских цен (consumer price index), индекса оптовых цен (wholesale price index), индекса цен производителей [producer price index]. Эти индексы, характеризующие инфляционные явления на потребительском рынке и в сфере торговли инвестиционными товарами, взвешенные по структуре валового национального продукта, позволяют определить общий масштаб инфляции (inflation) и с учетом дефлятора оценить реальные объемы конечного потребления товаров и услуг.

PROCESSING ABROAD OF GOODS — переработка товаров за границей.

В статистике платежного баланса (balance of payments) — вид внешнеторговых услуг, который в методологическом руководстве МВФ определен следующим образом: "Если предприятие одной национальной экономики перерабатывает товары, принадлежащие другой национальной экономике, то стоимость товаров, пересекающих границу, вычитается из стоимости данной позиции товарной номенклатуры, а расходы на переработку включаются в расходы этой позиции". Товары, ввозимые для переработки, отличаются от обычного импорта тем, что в праве собственности на них не происходит изменения между резидентом (residents of an economy) и нерезидентом. Такие товары должны быть реэкспортированы и не могут стать материальными ресурсами национальной экономики.

PRODUCT ACCOUNT — производственный счет.

Раздел Системы национальных счетов ООН (System of National Accounts), где обобщаются данные о результатах хозяйственной деятельности, связанной с производством товаров и услуг, предназначенных для продажи (рыночное производство) и собственного потребления. Балансирующей статьей производственного счета является валовая добавленная стоимость (gross value added). В графе "ресурсы" этого счета учитывается общий стоимостный объем продукции, произведенный за тот или иной отрезок времени. В графе "использование" производственного счета показываются затраты промежуточного потребления и валовая добавленная стоимость, которая состоит из потребления основных фондов и чистой добавленной стоимости. Иными словами, валовая добавленная стоимость в процессе ведения национального счетоводства исчисляется путем вычитания из общей стоимости продукции величины расходов на сырье, материалы, полуфабрикаты, топливо и энергию.

Показатель "валовая добавленная стоимость" в СНС используется для определения вклада отдельных отраслей хозяйства в создание валового внутреннего продукта (*gross domestic product*). Валовая добавленная стоимость является источником формирования первичного дохода (*primary income*), поэтому этот показатель используется также и в счете первичного распределения дохода (*primary distribution of income account*).

PUBLIC SECTOR ACCOUNT – счет государственного сектора.

Инструмент статистического измерения и анализа степени воздействия государственного сектора хозяйства на экономическое состояние страны. Балансовые таблицы и показатели счета государственного сектора являются составной частью Системы национальных счетов.

PURCHASING POWER CURRENCY – покупательная способность национальной валюты.

Показатель международной сравнительной статистики, характеризующий физический объем стандартного набора товаров и услуг, который может быть приобретен на средний денежный доход работающего по найму при существующем уровне потребительских цен.

PURCHASING POWER PARITIES (PPP) – паритет покупательной способности валют.

Соотношение уровней национальных цен единого набора товаров и услуг, выявляемое в процессе международных социально-экономических сравнений путем построения международного индекса цен. Информационной основой для исчисления такого индекса являются сведения об уровне национальных цен и товарной структуре потребительских расходов населения, затратах на капитальное строительство, экспортных поставках и т.д.

Набор товаров-представителей, аналогичных и идентичных для сравниваемых стран, как одно из необходимых условий определения покупательной способности валют — это, по существу, сознательно организованная выборка. Строгого теоретического обоснования относительно оптимального числа товаров-представителей, используемых в статистике международных сопоставлений для определения пересчетных валютных коэффициентов, пока нет. Дискуссионной остается также методологическая концепция выбора формы построения международного индекса цен, используемого при сравнении уровней экономического развития стран на основе сводно-экономических показателей как баланса народного хозяйства (*Balance of National Economy*), так и Системы национальных счетов (*System of National Accounts*).

PURPOSE OF INTERNATIONAL COMPARISON PROGRAMME – цель Программы международных сопоставлений.

Программа международных сопоставлений (*International Comparison Programme*) предназначена для проведения в мировом масштабе статистического обследования уровня национальных цен по единой схеме и унифицированной системе счетоводства, позволяющей собирать и обобщать данные о расходах страны на потребление и накопление в соответствии с единой товарной номенклатурой.

Успех в реализации Программы международных сопоставлений каждой страны мира зависит прежде всего от практических возможностей использования утвержденной Статистической комиссией ООН рекомендации по составлению сводных отчетных балансов.

Внедрение в национальную статистическую практику детализированной Системы национальных счетов (*System of National Accounts*) – необходимое условие для международной сравнимости исходных статистических сведений. Показатели Программы международных сопоставлений ООН рассматриваются как совокупность единого для всех стран числа стоимостных товарных групп, формируемых в соответствии с мировыми стандартами. Унификация смыслового содержания детальных показателей СНС, требующая усилий большого числа специалистов как балансовой, так и отраслевой статистики, — это первый этап международных сопоставлений, осуществляемых по методологии ООН. Второй и наиболее трудоемкий вид работ при проведении такого вида сравнительного анализа — это подбор индивидуальных цен в соответствии с согласованными странами едиными списками товаров-представителей. Выполнение статистических программ ООН по международным сопоставлениям позволяет выявить уровень развития национальной экономики, степень зависимости ее от внешнего рынка, покупательную способность национальной валюты, определить уровень жизни населения в сравнении с другими странами.

Q

QUADRUPLE-ENTRY SYSTEM — система четырех бухгалтерских проводок.

Принцип четырех бухгалтерских проводок положен в основу национального счетоводства (СНС). Учет хозяйственных операций (*transactions*) в соответствии с этим принципом осуществляется методом начисления [*accrual basis*].

QUANTITY INTERNATIONAL COMPARISON OF GROSS DOMESTIC PRODUCT — международные количественные сопоставления валового внутреннего продукта.

В соответствии с методологической концепцией Программы международных сопоставлений ООН (*International Comparison Programme*) реальная величина валового внутреннего продукта — общепризнанного соизмерителя уровня экономического развития — зависит от двух факторов: объема конечных расходов нации во внутренних текущих ценах и величины паритета покупательной способности валют (*purchasing power parities*). Сравнение стоимостных национальных объемов ВВП сводится к унификации их смыслового содержания путем обобщения данных СНС (*System of National Accounts*) по единым товарным номенклатурам и классификаторам.

Особенно трудоемкой и дорогостоящей работой является определение паритета покупательной способности валют. Этот международный индекс исчисляется на основе материалов специальных статистических обследований уровней национальных цен на индивидуальные товары и услуги. Международное сравнение уровней экономического развития (количественное сопоставление) осуществляется путем деления индекса стоимостного объема конечного потребления товаров и услуг в национальных ценах на паритет покупательной способности валют.

QUASI-MONEY — условно-денежные средства, квазиденьги.

Финансовые обязательства денежно-кредитных учреждений и депозитных банков. Эти ценные бумаги не являются средством платежа, но они могут быть обменены на деньги с некоторой отсрочкой в их выплате и удержания небольшой денежной суммы в виде штрафа.

R

RATIO OF CONVERSION INTO MULTITUDE CURRENCY UNIT — коэффициент пересчета в многовалютную расчетную денежную единицу.

Многовалютные пересчетные коэффициенты, с помощью которых национальные стоимостные показатели выражаются в единых расчетных денежных единицах. При этом методе многосторонних международных сопоставлений используется информация об уровнях индивидуальных цен набора наиболее характерных товаров для каждой пары сравниваемых стран. Преимущество многовалютного пересчетного коэффициента перед регрессионным международным индексом цен (*hedonic price index*) состоит в том, что он количественно характеризует соотношение уровней реально существующих цен.

Первым этапом исчисления многовалютных пересчетных коэффициентов является обобщение сведений об уровне цен конкретных товаров-представителей в виде средней по первичным товарным группам, имеющим одинаковое экономическое содержание для всей совокупности сравниваемых стран. Для выявления самих многовалютных пересчетных коэффициентов среднегрупповые международные индексы цен агрегируются в единый показатель с помощью данных стандартизированной структуры национальных стоимостных показателей.

REAL ESTATE ACTIVITIES — финансовые операции с собственностью.

Покупка, продажа, сдача внаем собственного или арендуемого недвижимого имущества, включая многоквартирные дома, здания нежилого типа. Перепродажа благоустроенного недвижимого имущества и земли.

RELATIONSHIP BETWEEN PURCHASING POWER PARITY AND EXCHANGE RATE — зависимость официального валютного курса от паритета покупательной способности валют.

Рыночная цена национальной валюты, выражающаяся в форме обменного валютного курса (*convertibility*), в конечном счете определяется платежными способностями страны, конкурентоспособностью национальных товаров на мировом рынке, что находится в прямой зависимости от общего экономического развития. Поэтому паритет покупательной способности валют (*purchasing power parities*) как соотношение уровней национальных цен стандартного набора товаров и услуг, по существу, является основой для формирования валютного курса. Однако в практике внешнеэкономической деятельности влияние паритета покупательной способности валют на официальный банковский курс осуществляется через многие факторы деловой и финансовой активности. Иными словами, между ними существует корреляционная зависимость. Взаимосвязь паритетов покупательной способности валют и валютных курсов проявляется как тенденция. Отсутствие жесткого экономического механизма, ограничивающего колебание курса валют, обусловливает возможность значительного отклонения индексов официальных валютных курсов от изменения паритетов покупательной способности валют. Официальные (банковские) валютные курсы зависят прежде всего от соотношения спроса и предложения на валютном рынке, интенсивности процессов внешнеторговых операций, а также экспорта и импорта капитала. Влияние международного перемещения капиталов на изменение конъюнктуры валютного рынка, а следовательно, и валютные курсы непрерывно возрастают. Особенно сильное воздействие на валютные курсы оказывает международное перемещение краткосрочных капиталов, которые чутко реагируют на изменение текущей коммерческой ситуации в отдельных регионах мира.

REAL EXCHANGE RATE – реальный валютных курс.
Показатель изменения номинального валютного курса [nominal exchange rate] с учетом масштаба инфляции внутри страны. При исчислении реального валютного курса, или, как его иногда называют, эффективного валютного курса [effective exchange rate], номинальный валютный курс корректируется на индекс цен валового внутреннего продукта или индекс потребительских цен.

REPAIRS ABROAD OF CAPITAL GOODS – ремонт за границей инвестиционных товаров.

Ремонт промышленной продукции инвестиционного назначения, осуществляемый учреждениями национальной экономики по заказу зарубежных строительных фирм. В соответствии с методологическими рекомендациями международных организаций относится к категории внешней торговли.

REPAIRS ABROAD OF GOODS – ремонт за границей движимых товаров.

Импорт товаров в страну, где осуществляется их ремонт для того, чтобы затем реэкспортировать. Является коммерческой сделкой, классифицируемой как одна из операций внешней торговли услугами.

RESERVE ASSETS – резервные фонды.

Финансовые активы в виде запасов монетарного золота, специальных прав заимствования (*special drawing rights*), финансовых требований центральных органов власти к нерезидентам.

Резервные фонды используются правительством страны для финансовых затрат в целях ликвидации отрицательного сальдо платежного баланса и обеспечения устойчивости обменного курса национальной валюты.

RESIDENT INSTITUTIONAL SECTORS – резидентские секторы хозяйства.

Экономические группы резидентских хозяйственных единиц.

В состав резидентов национального хозяйства (национальной экономики) входят органы государственного управления, индивидуальные лица, частные некоммерческие организации, обслуживающие индивидуальных лиц, предприятия, класифицируемые по принципу их связи с территорией указанного национального хозяйства; включаются также его территориальные воды и те международные воды, которыми это национальное хозяйство обладает или на право обладать которыми претендует. Заграничные территории и владения могут рассматриваться как отдельные национальные хозяйства.

RESIDENT INSTITUTIONAL UNIT (resident of an economy) – резидентская хозяйственная единица.

Институционная единица (*institutional unit*), хозяйственная деятельность которой осуществляется на экономической территории страны (*economic territory*) в течение продолжительного времени (год и более).

Институционная единица как резидент данной страны — это юридическое и физическое лицо, имеющее право владеть активами и брать на себя коммерческие и финансовые обязательства. Резидентство в противовес рабочей валюте, праву собственности, национальному или иному признаку выбрано экспертами ООН в качестве критерия отличия заграничных операций от внутренних. Этот критерий используется в Системе национальных счетов ООН и платежном балансе Международного валютного фонда.

RETALL PRICE — розничная цена.

Цена, по которой товар продается домовладельцам, учреждениям и организациям через сеть магазинов, ларьков и баз розничной торговли.

RESULTS OF EXTERNAL TRANSACTION IN STATISTICS OF GROSS NATIONAL PRODUCT — результаты внешнеэкономических операций, учитываемых статистикой валового национального продукта.

Результаты внешнеэкономической деятельности при статистической оценке доходов нации по методологии СНС (*System of National Accounts*) количественно характеризуются величиной сальдо платежного баланса (*balance of payments*), которое имеет условное название "чистый экспорт товаров и услуг". Для формирования счета валового национального продукта (*gross national product*) — центрального раздела СНС — особо важное значение имеет "чистый экспорт видимых товаров".

Сальдо внешней торговли определяется, по существу, как разница между объемом импорта товаров конечного потребления и размером экспортной выручки, оставшейся после возмещения расходов за импортное сырье и материалы.

REST OF THE WORLD ACCOUNT — счет остальных стран мира.

Раздел системы национальных счетов, обобщающий результаты внешнеэкономической деятельности в процессе создания дохода нации, его перераспределения, конечного использования валового внутреннего продукта на потребление и накопление.

Институционные единицы зарубежных государств — финансовые и нефинансовые корпорации, центральное правительство, домохозяйства — рассматриваются как единый экономический сектор. В силу этого раздел СНС "Остальные страны мира" — это всеобъемлющий счет (*external transaction account*). В форме единой системы таблиц и показателей этот раздел статистически характеризует совокупность таких разнообразных внешнеэкономических операций, как экспорт и импорт товаров и услуг, потоки доходов и трансфертов в другие страны или из других стран, финансовые операции, операции по счету капитала.

Счет остальных стран мира составляется с учетом результатов внешнеэкономической деятельности зарубежных государств. Понятие "ресурс", применяемый для характеристики внешнеэкономических операций зарубежных стран, соответствует в СНС показателю "использовано" материальных ресурсов и финансовых активов национальной экономики в процессе внешнеэкономической деятельности страны.

RUNAWAY INFLATION — галопирующая инфляция.

Непрерывно увеличивающиеся масштабы инфляции, проявляющиеся в таких темпах роста индекса цен, при которых происходят обесценение национальной валюты, ослабление кредитно-финансовой системы, спад производства, снижение жизненного уровня населения и т.д.

S

SAMPLE SIZE — объем выборки.

В теории международной статистики под объемом выборки понимается часть элементов генеральной совокупности, сформированной методом случайного отбора с целью выявления типичного признака. Теория вероятности убедительно доказывает, что чем больше объем выборки, тем больше она репрезентативна. Это проявляется в том, что средняя выборочная все более в этом случае приближается к значению общей средней.

Однако в практике приходится решать противоположные по своей цели задачи — апробировать общую среднюю как соизмеритель типичности варьирующего признака на основе данных ряда распределения случайных величин, выявленных выборочным наблюдением. Такая необходимость возникает в силу того, что часто сведения о генеральной совокупности вариантов ограничиваются только одной величиной — общей средней. Достоверность такой средней может быть выявлена путем определения типичности изучаемого массового явления, проявляющегося в виде случайных данных, имеющих противоположное отклонение от средней.

SAMPLING DISTRIBUTION APPLIES TO INTERNATIONAL COMPARISON — выборочное распределение при международных сопоставлениях.

Используется для обобщения данных при международных сопоставлениях в целях апробирования их сравнимости. При международных сопоставлениях на основе натуральных показателей или определении паритета покупательной способности валют (*purchasing power parities*) сознательно отбираются наиболее типичные товары-представители. Совокупность индивидуальных индексов, исчисленных на основе данных об их физическом объеме или уровне цен на две произвольно взятые даты, — это выборка, сформированная случайным способом. Частота проявления случайного явления — индивидуального индекса цен — обратно пропорциональна абсолютной величине отклонения индивидуального признака от средней. Эта математическая закономерность свидетельствует о том, что объемы вариантов со значением, как меньшим, так и большим общей средней, в ряде распределения могут быть выявлены по абсолютной величине противоположных отклонений группового признака от типичного совокупного признака — показателя инфляции (*inflation*).

SAVING DEPOSITS — сберегательные депозиты.
Денежные вклады в банки в целях получения дохода в виде процента.

SECTION OF BALANCE OF PAYMENTS — раздел платежного баланса.
Классификация (*classification*) внешнеэкономических балансовых ведомостей (*international accounts*) на высшем уровне.
В платежном балансе МВФ выделяются два раздела: текущий счет и счет капитала.
Текущий счет (*current account*) статистически характеризует внешнеэкономические операции с реальными ресурсами (товарами, услугами, доходами).
Счет капитала (*capital account*) отражает внешнеэкономические операции в форме финансирования потоков этих реальных ресурсов из-за границы в национальную экономику и наоборот.

SHARE — акция.
Ценная бумага, дающая право на владение собственностью. Обладатель этой бумаги является физическим или юридическим лицом, вложившим определенную денежную сумму в общие финансовые активы акционерного общества. Приобретение ценной бумаги в виде акции — это одна из форм кредита, дающая право участия в распределении прибылей предприятия и на определенную квоту ликвидационного фонда в случае разорения фирмы.

SHIPMENT AS COMPONENT OF CURRENT ACCOUNT — отгрузки как компонент счета текущих операций.
Статья платежного баланса (*balance of payments*), характеризующая величину услуг как специального вида внешнеэкономической деятельности, связанной с транспортировкой экспортно-импортных товаров. Этот вид деловой активности

проявляется в виде фрахта и страхования внешнеторговых грузов в процессе их транспортировки. Фрахт осуществляется, как правило, предприятиями, эксплуатирующими транспортные средства.

SPECIAL DRAWING RIGHTS (SDR) — специальные права заимствования (СПЗ).

Международные резервые фонды, создаваемые Международным валютным фондом (МВФ) и распределяемые им между членами этой организации в виде платежей, увеличивающих финансовые активы национальных банков.

Распределение СПЗ производится в соответствии с величиной квоты (*quota*), определяющей размер взноса страны-члена в резервные фонды МВФ. Квота исчисляется с учетом величины валового внутреннего продукта, объема внешней торговли, размера официальных резервных фондов.

Эти три показателя, взвешенные с помощью соответствующей формулы, в статистике специальных прав заимствования рассматриваются как общие резервы, не включая золота (*total non-gold reserves*).

STABLE PURCHASING POWER WAGES — устойчивость покупательной способности заработной платы.

Заработная плата, индексируемая с учетом масштаба инфляции.

STANDARD COMPONENT OF BALANCE OF PAYMENTS — стандартные компоненты платежного баланса.

Типовые статьи отчетной балансовой ведомости, систематизирующие статистические сведения о внешнеэкономической деятельности страны. Каждая типовая статья отражает в сводном виде результаты определенной группы сходных по своему хозяйственному назначению внешнеэкономических операций. Она является своеобразным компонентом отчетной балансовой ведомости. Компоненты, объединенные в классы по тому или иному экономическому признаку, представляют собой счет, который строится по принципу двойной записи. При наиболее высоком уровне агрегирования стандартных компонентов платежный баланс может быть представлен в виде двух взаимоувязанных счетов: счет текущих операций и счет капитала.

В счетах платежного баланса операции классифицируются по принципу резидентства участвующих в них субъектов.

Резиденство в противовес рабочей валюте, праву собственности, национальности или иному признаку выбрано в качестве критерия отличия заграничных операций от внутренних (*balance of payments account*).

STANDARD FAMILY BUDGET — стандартизированный бюджет семьи.

Сводно-экономический показатель международной статистики труда, характеризующий объем стоимости жизни [cost of living] и являющийся основой ставок заработной платы, применительно к тем или иным условиям рынка труда. Объем стоимости жизни — это денежная оценка набора товаров и услуг с учетом образа жизни типичного городского жителя.

STANDARD INTERNATIONAL TRADE CLASSIFICATION (SITC) — Международная стандартная торговая классификация (МСТК).

Официальный документ ООН, являющийся стандартом для систематизации и обобщения статистических данных о товарах мировой торговли. Характеризует унифицированные по экономическому значению классы продукции растениеводства, животноводства, горнодобывающей, перерабатывающей промышленности с разной степенью их детализации.

Классификационной единицей в МСТК, так же как и в Гармонизированной системе описания и кодирования товаров (*Harmonized Commodity Description and Cording System*), является конкретный осязаемый продукт как объект внешнеэкономических коммерческих сделок, иностранной помощи, военных, а также иных государственных поставок за границу или закупок на внешнем рынке. Однако в отличие от номенклатуры Гармонизированной системы к понятию "товар" в МСТК относится также нетранспортабельная продукция, являющаяся предметом международной торговли. Классификационный признак в МСТК по своему экономическому значению шире, чем в Гармонизированной системе описания и кодирования товаров. Однородность продуктов при их объединении в группы в МСТК определяется не только видом материалов, используемых для изготовления экспортно-импортных товаров, но и их потребительскими свойствами. Классификация, основанная на комбинированных принципах, распространяется на все товары, поступившие во внешнеторговый оборот. Методологическое руководство по обобщению сведений о товарных внешнеторговых потоках в форме единого продуктового перечня имеет важное значение для объективной статистической оценки экспортных возможностей и импортных потребностей стран, участвующих в мировом хозяйственном процессе. Третий вариант МСТК, утвержденный Экономическим и социальным советом ООН в 1985 г., состоит из 10 разделов [sections]: пищевые продукты и живые животные; напитки и табак; сырье непродовольственное, кроме топлива; минеральное топливо, смазочные масла и аналогичные им материалы; животные и растительные масла, жиры и воски; химические вещества и аналогичная продукция, не включенная в другие категории; промышленные товары, классифицированные главным образом по виду материала; машины и транспортное оборудование; различные готовые изделия; товары и операции, не включенные в другие категории. Каждый из этих разделов детализирован на отделы [divisions], общая численность которых составляет 67; группы [groups] – 261; основные товарные позиции [basic headings] – 3118.

STATEMENT OF EXTERNAL TRANSACTION – отчет о внешнеэкономических операциях.

Балансовые таблицы, составляемые с целью сравнения общей суммы доходов, поступивших в страну из-за рубежа с общей суммой платежей, произведенных резидентами данной страны за границей.

Конкретные экономические операции как зарегистрированная форма проявления внешнеэкономической деятельности (recorded transaction) в платежном балансе отражаются в виде двух проводок, имеющих одинаковое числовое значение: кредит и дебет.

В графу "кредит" заносятся: экспорт товаров и услуг; получаемый доход; увеличение пассивов или уменьшение активов.

В графе "дебет" производятся следующие проводки: импорт товаров и услуг; перечисленный доход; уменьшение пассивов или увеличение активов.

При балансировании внешнеэкономических доходов и платежей учитываются не только коммерческие операции, но и продажа и покупка резервных активов, иностранная помощь.

STATISTICAL UNIT OF SNA — статистическая единица СНС (*System of National Accounts*).

В счетах СНС, характеризующих процесс создания валового национального продукта и капиталообразований, единицей статистического наблюдения является заведение, а в счетах формирования и использования дохода — предприятие.

STATISTICS — статистика.

Сфера научной и практической деятельности, связанной с разработкой и реализацией программы выборочного и сплошного статистического наблюдения (сбора данных) в пределах как одного государства, так и отдельных регионов мира в целом. Результаты статистических обследований обобщаются в виде рядов распределения, аналитических и балансовых таблиц, на их основе проводится индексный, вариационный, регрессионный и факторный анализ.

STOCHASTIC APPROACH TO THE PROBLEM OF INTERNATIONAL INDEX NUMBER — стохастический подход к решению методологических проблем международного индекса.

Теоретическая концепция, в соответствии с которой международный индекс цен рассматривается как средняя случайных переменных. "Вариация относительных цен около средней, взятых как индекс, так же важна, по утверждению всемирно известного ученого Р. Аллена, как и сам индекс". (Аллен Р. Экономические индексы. — М., Статистика, 1980. – С. 16.)

SUBJECT OF INTERNATIONAL TRADE STATISTICS — международная торговля как объект статистического учета.

Международное руководство по статистике внешней торговли (*international trade statistics*) рекомендует относить к экспорту и импорту все товары, в результате ввоза и вывоза которых увеличиваются или уменьшаются материальные ресурсы страны. При этом под понятием "товар" имеется в виду не только объект коммерческой сделки, но и продукты и изделия, которые ввозятся или вывозятся из страны в форме правительственной, частной или общественной безвозмездной помощи или даров.

Критерием разграничения потока товаров внешней и внутренней торговли является факт пересечения государственной или "статистической" границы.

Весь поток товаров, ввозимых в страну или вывозимых из нее, в зависимости от способа пересечения "статистической" границы делится на три группы: стоимость и физические объемы товаров, учитываемых международной статистикой внешней торговли; стоимость товаров, не относимых к категории экспорта и импорта, но учитываемых при составлении платежного баланса (*balance of payments*); стоимость и физические объемы товаров, не учитываемых международной внешнеэкономической статистикой.

SUBSIDIES — субсидии. Безвозмездные и безвозвратные государственные денежные выплаты для финансирования текущих производственных расходов частных предприятий и покрытия убытков от продажи товаров и услуг по ценам ниже себестоимости.

SYSTEM OF NATIONAL ACCOUNTS (SNA) — Система национальных счетов (СНС).

Международные рекомендации ООН по обобщению и систематизации данных сплошных и выборочных статистических наблюдений. Представляет собой комплекс взаимосвязанных балансовых таблиц, показатели которых предназначены для определения размера дохода, потребления, накопления и величины капитальных затрат. Эти балансовые таблицы (стандартные счета) в зависимости от их назначения в системе национального счетоводства условно можно объединить в три группы.

В первую группу входят балансовые таблицы, в которых дается сводная, обобщающая характеристика финансово-экономической деятельности хозяйства страны за какой-то отрезок времени. К категории балансовых таблиц относится: счет валового отечественного продукта, счет национального располагаемого дохода и его использования, счет капиталообразований и финансирования капитальных затрат, счет внешнеэкономических операций.

Балансовые таблицы второй группы дают более подробную количественную характеристику финансово-экономических процессов, отраженных в счетах первой группы в агрегированном виде. Вспомогательные стандартизованные балансовые таблицы этой группы показывают вклад в создание ВНП (*gross national product*), отдельных отраслей хозяйства и затраты, связанные с использованием наемной рабочей силы и капитала с разбивкой по видам экономической деятельности.

Вспомогательные стандартизованные балансовые таблицы третьей группы отражают процесс создания доходов и расходов, включая финансирование капитальных затрат, в отдельных институциональных секторах.

Т

TANGIBLE ASSETS — материально-вещественное имущество.

Собственность в виде месторождений полезных ископаемых и земли, находящихся в эксплуатации, основных фондов, запасов товарной продукции, сырья, материалов.

TAXES — налоги.

Один из источников финансовых ресурсов государства. В Системе национальных счетов все виды налогов объединяются в следующие три группы: прямые налоги, обязательные взносы в фонды социального страхования, капитальные трансферты.

TAXES ON EXTERNAL TRANSACTION — налоги на выручку от внешнеэкономических операций.

Налоги на прибыль экспортно-импортных коммерческих предприятий и объединений; сборы при продаже и покупке иностранной валюты; налоги на прибыль от капиталовложений за границей; налоги на выручку от иностранного туризма, перевозок заграничного груза и иностранных пассажиров и т.д.

TAXES ON INTERNATIONAL TRADE — налоги на внешнюю торговлю.

Обязательные некомпенсируемые выплаты таможенным органам. В соответствии со сложившейся мировой практикой отчисления в местные и общегосударственные бюджеты производятся преимущественно с импортных товарных поступлений; выручка от реализации экспортной продукции, как правило, имеет льготы по налогу. Цель такой фискальной политики состоит в том, чтобы, во-первых, экономически стимулировать экспорт; во-вторых, создать с помощью налоговой системы одинаковые условия продажи внутри страны как отечественных, так и импортных товаров. Защита внутреннего рынка от иностранных конкурентов осуществляется с помощью таможенной пошлины (*customs duties*) и налога на импорт.

При составлении платежного баланса (*balance of payments*) экспортные и импортные налоги, пошлины и сборы включаются в стоимость внешнеторговой операции независимо от того, предусмотрены они условиями контракта или нет. Налоговые обложения влияют на величину ВНП (*gross national product*).

TERM OF TRADE — условия торговли на внешнем рынке. Отношение стоимости единицы экспортной продукции к стоимости единицы импортной продукции, т.е. соотношение экспортных и импортных цен.

TORNQVIST PURCHASING POWER PARITY — паритет покупательной способности валют по формуле Торнквиста.

Способ определения соотношения уровня национальных цен с использованием цепной системы взвешивания, предложенный в 1936 г. финским экономистом Лео Торнквистом для банковских расчетов по измерению степени колеблемости отечественной валюты. Исчисляется на основе данных об индивидуальных ценах единого набора товаров и услуг.

В отличие от сложившейся практики система весов рассматривается как ряд не постоянных, а переменных величин. Паритет покупательной способности валют по формуле Торнквиста определяется на основе информации об уровне индивидуальных цен единого набора товаров-представителей двух сравниваемых стран и национальных данных о структуре валового внутреннего продукта каждой из них.

TRADE ACCEPTANCE — торговый акцепт.
Платежные требования, акцептуемые коммерческими фирмами.

TRADE AND PROJECT LOANS — займы, предоставляемые для финансирования торговых операций и капитального строительства.

Форма внешних займов, позволяющая международным банкам распределять предоставляемые ими кредиты таким образом, что большая их часть направляется непосредственно в частный сектор. Такой внешний заем с точки зрения банков дает доход в более осязаемом виде и поощряет импорт инвестиционных товаров.

TRANSACTION — деловые операции.

Коммерческие сделки, связанные с производством, обменом и использованием продуктов и услуг; с распределением и перераспределением добавленной стоимости, созданной производителями товаров и услуг; с перераспределением сбережений и изменением финансовых активов и пассивов.

TRANSACTION AS SUBJECT OF INTERNATIONAL ACCOUNT STATISTICS — экономические операции как объект изучения международной балансовой статистики.

Экономические сделки резидентов национальной экономики с деловыми партнерами зарубежных стран отражаются в платежном балансе в виде показателей, количественно характеризующих, во-первых, международную торговлю товарами и услугами, во-вторых, межстрановое распределение факторных доходов, в-третьих, финансовые операции, связанные с привлечением зарубежного инвестиционного капитала, предоставлением иностранных займов и кредитов, ликвидацией внешнего долга.

Экономические операции рассматриваются в платежном балансе как потоки товаров, услуг, доходов и финансовых средств.

TRANSACTION IN GOODS AND SERVICES — деловые операции с товарами и услугами.

Коммерческие сделки, совершаемые с целью использования отечественной и импортной продукции для промежуточного, конечного потребления и капитального строительства.

TRANSACTION IN FINANCIAL INSTRUMENTS — операции с финансовыми инструментами.

Деловая активность, связанная с обращением платежных средств, приобретением финансовых активов, выполнением финансовых обязательств. Операции с платежными средствами (*means of payment*) проявляются в форме выдачи денежных ссуд, оплате чеков, кредитных карточек за счет срочных вкладов, переводе денег с одного банковского счета на другой, передаче прав собственности на ценные бумаги и т.д. Использование средств финансирования и средств капиталовложений (инвестирования) как форм финансовых операций (*financial transaction*) является одним из необходимых условий осуществления процесса деловой активности, связанного с производством и реализацией товаров, распределением доходов, внешнеэкономической деятельностью.

TRANSACTION RECORDS — порядок учета внешнеэкономических операций (сделок).

Руководство МВФ (*International Monetary Fond*) при составлении платежного баланса (*balance of payments*) рекомендует считать операцию (сделку) завершенной, как правило, лишь после перехода прав собственности, т.е. в момент проводки операции (сделки) по бухгалтерским книгам заинтересованных стран. При регистрации операций (сделок) учитываются также сроки выполнения контрактов и обязательств, отгрузок и поставок товаров в момент пересечения ими таможенной границы или предоставления услуг и т.д.

TRANSACTOR IN SNA — хозяйственный субъект (в СНС).

Участник экономических операций. Классификация хозяйственных субъектов [classifications of transactors] в`Системе национальных счетов (*System of National Accounts*) осуществляется в форме группировки их в отрасли [industries] и институционные секторы [institutional sectors]. Сводно-экономические балансовые сравнения ресурсов с объемом конечного потребления конкретных видов товаров и услуг вызывают необходимость построения отдельных счетов производства на основе первичной отчетной информации от хозяйственных субъектов с однородным видом деятельности [kind of activity classification]. Формирование отраслей в счетах производства осуществляется в соответствии с методологическими рекомендациями МСКХ (*International Standard Industrial Classification of all Economic Activities*), т.е. на основе классификационной единицы типа заведения [establishment-type units].

Балансовые обобщения статистических сведений о потоке доходов и расходов, финансовых активах и пассивах осуществляются с учетом экономической самостоятельности хозяйственных субъектов, т.е. в качестве статистической единицы (*statistical units SNA*) берется заведение [enterprise-type units]. В СНС заведения объединяются в следующие институционные секторы: государственные заведения и организации; частнопредпринимательские (корпоративные и квазикорпоративные) предприятия; домашние хозяйства и хозяйства, занимающиеся частной самостоятельной рыночной деятельностью; остальной мир (зарубежные экономические единицы, осуществляющие хозяйственные операции с резидентами данной страны).

TRANSFER – перевод, передача.

Операция, проявляющаяся в следующей форме: перевод денежных средств с одного банковского счета на другой; переход ценных бумаг от одного их владельца к другому; передача прав собственности на те или иные ценности от одного юридического лица другому.

TRAVEL AS COMPONENT OF CURRENT ACCOUNT – туризм как компонент счета текущих операций.

Статья платежного баланса (*balance of payments*), показывающая стоимостный объем товаров и услуг, использованных для обслуживания иностранных туристов в период их пребывания на территории собственного государства, а также отечественных туристов за время посещения ими зарубежных стран. Доходы и затраты на международные перевозки пассажиров в счете текущих операций учитываются в статье "Прочие транспортные услуги".

При определении величины показателя платежного баланса "поступления от иностранного туризма" [international tourist receipts] учитываются, во-первых, выручка транспортных агентств, предоставляющих услуги иностранным посетителям, включая питание, проживание в гостиницах, транспортное и экскурсионное обслуживание; во-вторых, доходы от банковских операций, связанных с финансовым обслуживанием лиц, посещающих другую страну, не являющуюся местом их постоянного проживания.

TOURISM EXPENDITURE – расходы туристов.

Общая сумма потребительских расходов туристами во время их поездки в зарубежную страну. Сюда входят: оплата стоимости товаров и услуг, необходимых для осуществления путешествия в иностранное государство; расходы на приобретение сувениров и подарков; затраты на развлекательные, культурно-познавательные мероприятия; лечение.

TOURIST – турист.

В соответствии с методологическими рекомендациями Всемирной организации по туризму – это посетитель, который во время путешествия в какую-либо страну использовал места размещения туристов в течение одних суток и более. Статистический учет иностранных туристов производится как на пограничных пунктах, так и в местах размещения зарубежных посетителей — гостиничных комплексах, кемпингах, мотелях и т.д.

TYPES OF EXTERNAL TRANSACTION — виды внешнеэкономических операций.

Экономические и финансовые потоки между резидентами и нерезидентами в платежном балансе объединяются в две большие группы: текущие внешнеэкономические операции (*current external transaction*) и межстрановое движение капитала (*international capital flows*).

TYPES OF INTERNATIONAL CAPITAL FLOWS — виды межстранового движения капитала.

В платежном балансе выделяются следующие виды функционального движения капитала: прямое инвестирование (капиталовложения, производимые резидентом в целях получения прибыли при эффективном участии в управлении предприятием, находящемся за пределами его страны); портфельные инвестиции (инвестиции резидентов в акции, ценные бумаги зарубежных стран); облигации, векселя, переводные депозитные сертификаты и др., долгосрочный ссудный капитал (с исходным контрактным сроком более года); краткосрочный капитал (подлежащий возврату по требованию или имеющий исходный контрактный срок в один год или несколько месяцев).

U

UNDERGROUND (HIDDEN) ECONOMIC ACTIVITIES — скрытая экономическая деятельность.

Коммерческие сделки (*transactin*), нелегально (*illegal*) осуществляемые домохозяйствами (*households*), лицами наемного труда (*wage and salary earners*), собственниками (*proprietors*), инвесторами, вкладывающими капитал в финансовые и материальные активы (*investory in real and financial assets*).

Скрытая экономическая деятельность в своей преобладающей части связана с производством товаров и услуг. Предприниматели теневой экономики свои незаконные действия, как правило, осуществляют в форме обычных рыночных операций (*ordinary market relations*). К категории скрытой экономической активности относятся и законные коммерческие сделки, доходы от которых утаиваются или не сообщаются в требуемом порядке налоговым органам.

UNILATERAL TRANSFERS — односторонние трансферты.

Статья платежного баланса (*balance of payments*), фиксирующая все виды переводов за границу или подобных перечислений из-за рубежа, взамен которых не поступают ни товары, ни услуги, ни платежи. Односторонние трансферты как компонент счета текущих операций — это изменение международных прав собственности на реальные ресурсы или финансовые средства без какой-либо компенсации. К категории односторонних трансфертов относятся такие некоммерческие операции, как оказание зарубежным государствам денежной и натуральной безвозмездной помощи, пожертвования иностранным учреждениям и отдельным лицам, частные дарственные переводы за границу в форме обычных банковских тратт или денежных поручений.

UNIT OF ACCOUNT OF INTERNATIONAL MONETERY FUND — расчетная денежная единица Международного валютного фонда.

Расчетной денежной единицей МВФ являются специальные права заимствования *(special drawing rights)*. Цена прав как расчетной денежной единицы устанавливается на основе корзины пяти свободно конвертируемых валют: долларов США, марок ФРГ, франков Франции, иен Японии, фунтов стерлингов Великобритании.

UNIT OF ACCOUNT IN BALANCE OF PAYMENTS STATISTICS — расчетная денежная единица в статистике платежного баланса.

Исходной информацией для составления платежного баланса *(balance of payments)* являются сведения о внешнеэкономических операциях с материальными ресурсами и финансовыми средствами, оцененными в различных валютах. Сравнимость балансовой отчетности достигается с помощью расчетной денежной единицы. МВФ *(International Monetary Fund)* рекомендует показатели платежного баланса исчислять в отечественной валюте, при этом стоимостные объемы внешнеэкономических операций *(valuation of international transaction)* целесообразнее определять по той же системе цен, которая принята в практике статистического учета внешней торговли, банковской статистики, СНС *(System of National Accounts)*. Иными словами, проводки платежного баланса фиксируют стоимостные объемы внешнеэкономических операций, учитываемых в рыночных ценах. Такие цены или ставки для их расчета оговариваются в контракте. Рыночная цена, подтвержденная контрактом, не может быть впоследствии изменена. Рыночная стоимость внешнеэкономической операции, оцененная в иностранной валюте, пересчитывается в расчетные денежные единицы по официальному (обменному) валютному курсу *(convertibility)*.

Для стран, использующих в процессе внешнеэкономической деятельности несколько валютных курсов, МВФ рекомендует при построении платежного баланса применять расчетный курс валют.

Различие в стоимостных оценках внешнеэкономических операций, осуществленных на основе расчетного и фактически действующего валютных курсов, рассматривается или как чистая величина косвенных налогов на резидентов, или как субсидия, выданная им при обмене иностранной валюты на внутреннюю.

UNITED NATIONS CONFERENCE ON TRADE AND DEVELOPMENT (UNCTAD) — Конференция ООН по торговле и развитию (ЮНКТАД).

Международная организация ООН, основной задачей которой является содействие в расширении и углублении внешнеэкономических связей стран мира, устанавливаемых на основе взаимных экономических интересов.

ЮНКТАД подготавливает рекомендации Генеральной Ассамблеи ООН по организационно-правовым вопросам равноправного сотрудничества в области внешнеэкономических отношений, включая вопросы кредитования внешней торговли, урегулирования внешней задолженности. Совместно со Статистической комиссией ООН разрабатывает стандарты по учету внешнеторговой деятельности.

ЮНКТАД создан в 1964 г., в его деятельности принимает участие около 170 государств мира.

V

VALUATION OF COMMODITIES IN EXTERNAL TRADE — стоимостная оценка товаров внешней торговли.

Обусловливается коммерческими взаимоотношениями между национальными резидентами (*residents of an economy*) и резидентами других стран. При внешнеторговых сделках учитывается не только цена товара на собственном внутреннем рынке и рынке страны-импортера, но и всевозможные начисления за страхование (*insurance*) продукции, ее хранение, погрузку и т.д.

Статистика внешней торговли (*international trade statistics*) в качестве первичного источника информации часто использует сведения о стоимости товара, объявленной в соответствии с таможенными и связанными с ней административными процедурами.

VALUATION OF ECONOMIC LINKS WITH FOREIGN COUNTRIES — стоимостная оценка результатов внешнеэкономических связей в балансе народного хозяйства.

Экономические результаты внешнеэкономических связей в БНХ (*Balance of National Economy*) характеризуются с помощью системы стоимостных показателей, предназначенных, во-первых, для выявления вклада внешней торговли в создание совокупного общественного продукта и национального дохода; во-вторых, для определения объема экспорта и импорта нематериальных услуг; в-третьих, для финансовой оценки внешнеэкономической деятельности страны, оказывающей влияние на пополнение валютных резервов и изменение задолженности по кредитам товаров, увеличивающих или уменьшающих материальные ресурсы страны. Экспорт и импорт оцениваются в национальных денежных единицах с помощью официальных валютных курсов, а также с учетом действующей внутри страны системы ценообразования. Коммерческие сделки, связанные с экспортом-импортом услуг нематериального характера, и платежи типа трансфертов пересчитываются во внутренние цены по официальным валютным курсам.

VALUATION OF EXPORTS OF GOODS – стоимостная оценка экспортируемых товаров.

В международных методологических руководствах по ведению статистики внешней торговли (*international trade statistics*) стоимостную оценку экспортируемых товаров рекомендуется проводить на условиях ФОБ (*f.o.b. (free on board) value*), т.е. по рыночным ценам товаров на границе страны-экспортера. Рыночная цена товаров на границе страны-экспортера – это цена производителя, увеличенная на размер, во-первых, торговой наценки; во-вторых, расходов по транспортировке товаров до границы; в-третьих, издержек, оплаченных импортером в связи с погрузкой экспортируемого товара на судно или другое средство международного транспорта; в-четвертых, налогов на экспорт.

При формировании рыночных цен товаров на границе не учитываются расходы по уплате налогов с объема производства товаров, на которые предоставляются льготы при их экспорте. Стоимостный объем товаров в виде безвозмездной помощи определяется по ценам ФОБ аналогичных товаров, вывозимых из страны в результате внешнеторговых коммерческих сделок.

VALUATION OF IMPORTS OF GOODS – стоимостная оценка импортируемых товаров.

Стоимостный объем импорта товаров в соответствии с мировой практикой определяется на условиях СИФ (*c.i.f. (cost, insurance, freight) value*). При таком способе денежной оценки внешнеторговых сделок учитываются стоимость товара, его фрахт и страхование. Стоимость товара определяется по рыночным ценам на границе страны-экспортера. Стоимость фрахта – это издержки по транспортировке товаров между границей страны-экспортера и границей страны-импортера. Издержки на страхование – это стоимость услуг страхования от несчастных случаев товаров во время их перемещения от границы страны-экспортера до границы страны-импортера.

Оценка импорта на условиях СИФ обусловливается необходимостью учета чистых страховых премий. Для национальной экономики в целом условно предполагается, что общая величина чистых выплаченных премий, чтобы застраховать весь импорт, равна общей стоимости потерь, понесенных при транспортировке товаров между границами страны-экспортера и страны-импортера. Поэтому для национальной экономики в целом общая стоимость товаров, фактически импортированных данной страной, должна включать в дополнение к стоимости поступивших из-за границы товаров, оцененных на условиях ФОБ (*f.o.b. (free on board) value*), только величину затрат на оплату транспортных услуг и услуг страхования.

VALUATION OF INTERNATIONAL TRANSACTION – стоимостная оценка международных экономических операций.

Стоимостный объем международных экономических операций в платежном балансе (*balance of payments*) определяется только на основе рыночных цен. Единый принцип стоимостного выражения международных экономических сделок обусловлен тем, что платежный баланс не может быть сведен, если дебетовые и кредитивые проводки по каждой операции не осуществлены на основе единой системы цен.

Определение стоимости операции как с реальными ресурсами, так и с финансовыми требованиями при составлении платежного баланса в соответствии с методологическими рекомендациями МВФ (*International Monetary Fund*) осуществляется на основе мировых цен, которые представляют собой сумму денег, уплачиваемую добровольным покупателем добровольному продавцу в целях приобретения у последнего какого-либо товара при условии, что такой обмен совершается между независимыми сторонами исключительно на коммерческой основе. Однако рыночная цена характеризует только конкретную обменную операцию, совершенную при определенных условиях. Прочие обменные операции, совершаемые при практически равных условиях, могут лишь условно характеризоваться рыночными ценами, так как, во-первых, стоимостные показатели, в которых первоначально учтена та или иная операция, зачастую необходимо корректировать, чтобы привести их к рыночным ценам, во-вторых, при оценке операций, фактически не являющихся рыночными, возникает необходимость нахождения подходящих эквивалентов рыночных цен. Стоимостную оценку каждой операции МВФ рекомендует производить по характерной для нее рыночной цене.

VALUE ADDED TAX(VAT) — налог на добавленную стоимость.

Налогообложение продуктов на сумму стоимости, добавленной в процессе их производства, и реализации на рынке оптовой (включая экспорт) и розничной торговли.

VALUE OF EXTERNAL TRADE — стоимостный объем внешней торговли.

Внешнеторговый оборот, выраженный в текущих экспортно-импортных ценах.

VALUE OF MERCHANDISE — стоимостный объем товаров, увеличивающих или уменьшающих национальное богатство страны.

Стоимостный показатель, характеризующий величину всех видов движимого имущества, ввезенного или вывезенного из страны. Используется как при обобщении данных внешнеторговой (таможенной) статистики, так и при составлении платежного баланса (*balance of payments*). В последнем учитывается в рыночных ценах. При внешнеэкономических расчетах под термином "товары" подразумевается стоимость как самого товара, так и услуг в процессе доставки товаров до границы и при погрузке их на борт транспортных средств в таможенном пункте. Иными словами, объем экспорта и импорта товаров в соответствии с международными рекомендациями по составлению платежного баланса определяется на условиях ФОБ (*f.o.b. (free on board) value*) на таможенной границе страны-экспортера.

VELOCITY OF CIRCULATION OF MONEY — скорость обращения денежной массы.

Показатель международной финансовой статистики, характеризующий отношение величины валового внутреннего продукта (ВВП) к денежной массе категории M_1 (*money*). Частное от деления ВВП на M_1 дает возможность, по мнению экспертов МВФ (*International Monetary Fund*), определить примерное число оборотов наиболее подвижной части денежной массы — банкнот, чеков, срочных депозитов в процессе создания доходов нации за год.

VENTUR CAPITAL — рисковый капитал.

Один из наиболее распространенных источников финансирования изобретательства, открытий и научно-технического прогресса. Развитие инновационной деятельности требует финансовых затрат в течение длительного времени, поэтому вложения рискового капитала начинают окупаться (приносить доход) не ранее чем через 5—10 лет.

Потребность в рисковом капитале резко возрастает при переходе от заимствования зарубежной технологии к активной национальной инновационной деятельности, осуществляемой в условиях развитого ссудного финансового рынка, позволяющего инвестору в случае необходимости продавать свою долю.

Формирование фондов рискового капитала в западноевропейских странах осуществляется за счет вложений частнопредпринимательских отечественных и иностранных инвесторов, частных пенсионных фондов, корпоративных инвесторов и инвестиционных компаний мелкого бизнеса. В середине 80-х годов в рамках ЕЭС создана Европейская ассоциация рискового капитала, деятельность которой осуществляется в соответствии с Европейской стратегической программой НИОКР.

VISITOR — посетитель.

В статистике международного туризма — это лицо, которое находится в стране, не являющейся местом его постоянного жительства (гражданства), с любой целью, кроме выполнения временной работы, оплачиваемой из финансовых ресурсов посещаемой страны.

К категории "посетитель" не относятся лица, въезжающие в какую-либо страну и выезжающие из нее в качестве мигрантов. Посетитель совершает поездки в зарубежные страны для деятельности, которая объединяется в следующие группы: досуг, развлечение, отдых; лечение; деловые, научные, профессиональные цели; посещение родственников и знакомых; совершение религиозных обрядов и т.д.

VOLUME OF EXTERNAL TRADE — физический объем внешней торговли.

Внешнеторговый оборот, скорректированный на изменение экспортных и импортных цен, а также обменного валютного курса.

W

WARRANT — складское свидетельство.

Документ, удостоверяющий договоренность между сторонами о факте передачи товара на хранение. Складское свидетельство подтверждает право собственности на товар, предназначенный как для продажи на внутреннем рынке, так и на экспорт. Поэтому переадресование складского свидетельства торговому партнеру рассматривается как переход права собственности на товар.

WHOLESALE PRICE — оптовая цена промышленной продукции.

Цена на промышленную продукцию, устанавливаемая при заключении контрактов о взаимных поставках ее между производителями (*enterprise wholesale price*) и реализации готовой промышленной продукции на рынке оптовой торговли (*branch wholesale price*).

WHOLESALE PRICE INDEX — индекс оптовых цен.

Относительный показатель, рекомендуемый МВФ (*International Monetary Fund*) для выявления изменения уровня цен на первой важнейшей стадии коммерческих операций — оптовой торговле. Этот индикатор международной финансовой статистики отражает изменение цен набора товаров на разных стадиях их производства. Является средней взвешенной индексов цен отдельных групп товаров — минерального сырья, изделий обрабатывающей промышленности, производства электроэнергии и т.д. Для его исчисления используются материалы выборочных наблюдений за уровнем цен набора товаров, представляющих важнейшие товарные группы на первой стадии коммерческих операций с ними. В качестве весов используются сведения об объеме валовой и чистой выручки оптовой торговли в базисном периоде. Базовые веса рекомендуется пересматривать каждые пять лет, по мере обработки материалов очередных сплошных наблюдений (переписей).

Агрегатная форма построения (*index-number applies to international comparison*) индекса оптовых цен дает возможность выявить изменение уровня цен как всей промышленности в целом, так и ее отдельных отраслей.

При выявлении конъюнктуры рынка оптовой торговли, включающей экспортные поставки и импортные закупки, масштаб инфляции измеряется также с помощью широкораспространенного в мировой статистической практике показателя – индекса цен производителей [producer price index]. Этот индекс в обобщенном виде характеризует изменение цен на сырье, топливо, электроэнергию, материалы, полуфабрикаты и готовую продукцию без учета торговой наценки и налога с оборота.

WORLD COMPARISONS OF REAL PRODUCT – сравнение реального конечного продукта стран мира.

Международное сопоставление, проводимое ООН на основе показателя ВВП (*gross domestic product derivated from net material product*), используемого для сравнения уровня экономического развития стран мира. Объектом обследования Программы международных сопоставлений ООН (*International Comparison programme*) является валовой внутренний продукт, исчисленный методом конечного потребления. Его общая величина рассматривается как сумма расходов нации на товары и услуги, используемые для индивидуального потребления (*individual consumption of population*), коллективного потребления, формирования основных фондов для их прироста и взамен изношенных, увеличения материальных оборотных средств, чистого экспорта.

Объем конечных расходов нации, исчисленный в международных ценах, называется реальной величиной ВВП, а их размер в национальной валюте – это его номинальная величина.

Приложения

МЕЖДУНАРОДНЫЕ МЕТОДОЛОГИЧЕСКИЕ СТАНДАРТЫ ПО УЧЕТУ И СТАТИСТИКЕ ВНЕШНЕЭКОНОМИЧЕСКИХ СВЯЗЕЙ

BALANCE OF PAYMENTS MANUAL

Fifth Edition: International Monetary Fund, Washington, 1993, 289 p.

РУКОВОДСТВО ПО СОСТАВЛЕНИЮ ПЛАТЕЖНОГО БАЛАНСА

5-е изд. Международный валютный фонд, Вашингтон, 1993, 289 с.

Переработанный и дополненный вариант документов *Balance of payments manual*, регулярно выпускаемых МВФ в качестве международного методологического стандарта составления платежного баланса.

Методологические рекомендации национальным статистическим службам по обобщению отчетных сведений о внешнеэкономической деятельности страны даны в виде справочника, состоящего из 78 пунктов, объединенных в 23 главы и 12 разделов.

В первом разделе изложим общие принципы построения платежного баланса (*conceptual framework of the balance of payments*). Дано определение платежного баланса, затронута проблема регистрации и стоимостной оценки внешнеэкономических операций, учитываемых статистикой платежного баланса.

Понятие "резидентская хозяйственная единица" (*resident institutional unit*) для разграничения национального хозяйства и экономики остальных стран мира рассмотрено во втором разделе руководства по платежному балансу.

Определение сущности внешнеэкономических операций и методы их стоимостной оценки даны в третьем разделе.

В четвертом разделе методологического документа МВФ представлены стандартные компоненты платежного баланса (*standard component of balance of payments*), т.е. унифицированная номенклатура типовых статей, определяющих экономическое содержание отдельных частей платежного баланса.

Пятый раздел руководства — это общая характеристика счета текущих операций (*current account*).

Методы учета статистикой платежного баланса межстранового движения товаров, оказания услуг, распределения факторных доходов, потоков трансфертов изложены в шестом, седьмом, восьмом и девятом разделах методологического справочника.

В десятом и одиннадцатом разделах этого документа освещены методологические вопросы статистического учета движения капитала (*capital account*).

Двенадцатый раздел — это методология учета резервных фондов (*reserve assets*).

INTERNATIONAL TRADE STATISTICS

Concepts and definitions
United Nations, New York, 1982, 83 p.

СТАТИСТИКА МЕЖДУНАРОДНОЙ ТОРГОВЛИ

Концепции и определения
Организация Объединенных Наций,
Нью-Йорк, 1982, 83 с.

Методологический документ ООН, предназначенный для ведения единообразной системы таможенного учета и обработки первичных статистических данных о внешней торговле отдельных стран мира по единой схеме. Рекомендации Статистической комиссии ООН, утвержденные Департаментом по международным экономическим и социальным вопросам ООН, сгруппированы в семь разделов.

Первый раздел — это определение совокупности товаров,

учитываемых международной статистикой внешней торговли (*observation of international trade statistics*).

Второй раздел посвящен системе регистрации внешнеторговых операций (*external trade system of recording*). Формирование предложенной системы тесно связано с унификацией таких понятий, как таможенная граница (*customs frontier*), таможенная декларация (*customs declaration*), таможенная территория (*customs territory*), таможенные склады (*customs warehouse*). Иными словами, система внешней торговли (*foreign trade system*) как международный стандарт основывается на предположении единого понимания национальными статистическими службами вышеперечисленных категорий таможенного учета.

Третий раздел посвящен методологическим принципам классификации товаров внешней торговли (*Harmonized Commodity Discription and Coding System*).

В четвертом разделе рассматриваются методы стоимостной оценки экспорта (*f.o.b. (free on board) value*) и стоимостной оценки импорта (*c.i.f. (cost, insurance, freigt) value*).

Пятый раздел — описание методологических положений количественного учета товаров; в шестом рассматривается понятие "страна-контрагент"; в седьмом — прочие методологические вопросы.

REVISED SYSTEM OF NATIONAL ACCOUNTS

Twenty-seventh session of the Statistical Commission, 22 february-3 march 1993 recomended its fomal adoption by the Economic and Social Council

СИСТЕМА НАЦИОНАЛЬНЫХ СЧЕТОВ: ПЕРЕСМОТРЕННЫЙ ВАРИАНТ

Двадцать седьмая сессия Статистической комиссии ООН 3 марта 1993 г. рекомендовала Экономическому и социальному совету официально утвердить этот документ

Система национальных счетов ООН (*System of National Accounts*) как мировой методологический стандарт по обобщению и систематизации сводно-экономических данных балансовой статистики впервые издана в 1953 г.

Это методологическое руководство по ведению национального счетоводства в дальнейшем было усовершенствовано и в 1968 г. издано как официальный документ ООН (*A System of National Accounts, Stadies in methods, Series F, N 2, Rev 3, New York, 1968.*)

Пересмотренный вариант Системы национальных счетов 1993 г. сохраняет основные теоретические и методологические принципы построения сводно-балансовых таблиц, показатели которых характеризуют объем производства товаров и услуг для реализации на внутреннем и внешнем рынке и процесс создания, распределения и конечного использования доходов нации на потребление и накопление.

Однако само содержание документа, его структура, логическая последовательность и форма изложения методологических рекомендаций существенно изменены.

Последняя версия СНС, одобренная Статистической комиссией ООН в феврале 1993 г., является результатом долголетней, кропотливой творческой деятельности ведущих специалистов мира, объединенных в соответствующие секции рабочей группы, созданной совместными усилиями секретариатов Евростата (*Eurostat*), Международного валютного фонда (*International Monatary Fund*), Статистического отдела и региональных комиссий ООН (*United Nations Statistical Division and Regional*), а также Мирового банка (*World Bank*). Пересмотренный вариант Системы национальных счетов 1993 г. состоит из следующих основных разделов:

общий обзор СНС (*Overview of the revised SNA*);

институционные единицы, секторы институционных единиц (*Institutional units and Sectors*),

заведения отрасли хозяйства (*Establishments and Industries*);

хозяйственные операции (*Transactions*);

производственный счет (*Production Account*);

счет создания первичного дохода и его распределения (*Primary Income Account, Primary distribution of income account*);

счет перераспределения первичного дохода (*Secondory distribution income account*);

счет конечного использования первичного дохода (*Use of income accounts*);

счет капитала (*Capital accounts*);
финансовый счет (*Financial accounts*);
счет остальных стран мира (*Rest of the World accounts*);
межотраслевой баланс (*Input-output tables*);
цены и индексы физического объема, используемые в СНС (*Set of price and volume measures in SNA*).

Система национальных счетов в ее новой редакции методологически увязана с рекомендациями Международного валютного фонда по составлению платежного баланса и ведению денежной и банковской статистики.

В пересмотренном варианте Системы национальных счетов, так же как и в последнем издании платежного баланса МВФ, основным критерием для разграничения резидентов страны и нерезидентов (резидентов остальных государств мира) является центр экономического интереса (*centre of economic interest*). При этом в новой СНС дается практическая рекомендация, в соответствии с которой институциональная единица имеет центр экономического интереса, если она в течение года или более длительного срока осуществляла хозяйственные операции на территории одного и того же государства.

ТОЛКОВЫЙ СЛОВАРЬ ЗАИМСТВОВАННЫХ ИНОСТРАННЫХ ТЕРМИНОВ

А

АБАНДОН (фр. abandon) — отказ от права на застрахованное имущество в пользу страховщика при обязательстве последнего уплатить страхователю полную страховую сумму; отказ владельца судна от своих прав на него в связи с тем, что судно в результате каких-либо обстоятельств становится источником опасности.

АВАЛЬ (фр. aval) — поручительство по векселю. Лицо, совершившее письменное финансовое поручительство, принимает на себя ответственность перед владельцем векселя за выполнение платежных обязательств фирм и банков, к которым адресуется векселедержатель; платеж по переводному векселю, гарантированному подписью (авалем) третьего лица.

АВАНС ФРАХТА (англ. advance freight) — стоимость погрузочно-разгрузочных работ, выплачиваемая предварительно для того, чтобы грузоотправитель мог индоссировать коносамент (дать разрешение на отгрузку товара), а импортер — получить товар на условиях немедленной поставки.

АВИЗО (фр. aviser) — извещение об отгрузке; уведомление об остатке денежных средств на счетах банка; письмо клиенту банка о различных видах произведенных выплат.

АВУАР (фр. avoir) — краткосрочные денежные требования к заграничным должникам; текущие счета в заграничных банках; чеки векселя, дающие право на получение иностранной валюты.

АДВАЛОРЕМ (лат. ad valorem) — налог или пошлина, взимаемые в размере определенного процента от стоимости товара, в отличие от фиксированного налога.

АДЕНДА (фр. addenda) — приложение комплекта добавочных документов к контракту или соглашению.

АЖИО (фр. agio) — биржевая спекуляция ценными бумагами, приплата к установленному курсу или нарицательной цене при проведении биржевых сделок, разница между курсами валют.

АКВИТЕНС (англ. acquittance) — документ, освобождающий от финансовой ответственности.

АККРЕДИТИВ (фр. accreditif) — документ коммерческого банка, подтверждающий его готовность выплатить денежную сумму, указанную в чеке.

АКТУАРИЙ (лат. actuaris) – специалист в области страховых расчетов.

АКЦЕПТ (лат. acceptus) – надпись на счете, векселе, свидетельствующая, что лицо, сделавшее надпись (акцептант), приняло документ к платежу в срок.

АКЦЕПТАНТ (лат. acceptans) – принимающий; лицо, обязавшееся произвести уплату по предъявленному счету, векселю.

АКЦЕПТАЦИЯ (лат. acceptare) – выражение согласия на предложение, согласие на оплату.

АКЦЕПТНЫЙ КРЕДИТ (англ. acceptance credit) – банковский кредит, получаемый экспортером или импортером путем передачи своих векселей, выставленных на данный банк.

АКЦИЗ (англ. axcise) – вид косвенного налога на алкогольные напитки, табачные изделия, предметы роскоши, поступающего в бюджет местных или центральных органов власти.

АКЦИЯ (фр. action) – ценная бумага, владелец которой имеет право на дивиденд. Цена акции зависит от величины прибыли предприятия и банковского процента, акции являются предметом биржевых сделок.

АЛЛОНЖ (фр. allonger) – 1) полоска бумаги, приклеиваемая к векселю в случае недостачи на его обороте места для передаточных надписей; 2) листок, прилагаемый к векселю для дополнительных индоссаментов (передаточных записей).

АЛОТМЕНТ (англ. allotment) – порядок распределения вновь выпущенных акций.

АМОРТИЗАЦИЯ (лат. amortisatio) – 1) постепенное снашивание основных фондов (зданий, оборудования, сооружений) и перенесение их стоимости по частям на производимую продукцию; 2) постепенное погашение долга путем периодических взносов или выкупа обязательств; 3) уменьшение ценности имущества, обложенного налогом; 4) признание долгового обязательства недействительным вследствие его утраты, кражи и т.д.

АННУИТЕТ (фр. annuite) – ежегодная рента; ежегодные поступления по займу; ежегодное погашение долга с выплатой процентов.

АРАУНД (англ. around) – операции по кассовым сделкам, осуществляемые на валютном рынке. Премии или скидки относительно номинала текущего курса валют.

АРБИТРАЖ (фр. arbitrage) – 1) разрешение какого-либо спора, связанного с исполнением контракта, по усмотрению третьей незаинтересованной стороны; 2) сравнительное исчисление уровня цен или обменных банковских курсов на различных рынках с целью выявления, где выгоднее купить или продать товары на иностранную валюту.

АССИГНАЦИЯ (фр. assignat) – бумажноденежный знак.

АУКЦИОН (англ. auction) – публичная продажа товаров, при которой аукционист называет цену, постепенно изменяя ее до тех пор, пока не найдется покупатель.

АУТСАЙДЕР (англ. outsider) – 1) лицо, спекулирующее на бирже; 2) биржевой спекулянт-непрофессионал.

Б

БАЗИСНАЯ СТАВКА (англ. base rate) — годовая процентная ставка, на основе которой банки определяют уровень различных видов ставок за кредит.

БАКВАРДЕЙШЕН (англ. backwardation) — 1) ситуация на товарных и валютных рынках, когда по сделкам с условием немедленной поставки или с условием поставки в кратчайший срок предусматривается премия (надбавка) к цене срочной сделки; 2) скидка с котировки наличного товара при заключении биржевых контрактов на более отдаленные сроки; 3) скидка покупателю ценных бумаг за согласие на перенос расчетов по срочной биржевой сделке.

БАНКОВСКИЙ ДЕПОЗИТ (англ. bank deposit) — денежные суммы, помещаемые на хранение в банк частными лицами, корпорациями, государственными организациями.

БАНКРОТСТВО (англ. bankruptcy) — ликвидация компании после решения суда о ее неспособности рассчитаться по долговым обязательствам.

БАНКНОТЫ (англ. banknote) — 1) банковские билеты, выпускаемые в обращение в целях реализации товаров на потребительском рынке; 2) беспроцентные обязательства, выпускаемые эмиссионными банками. Вид кредитных денег, выпускаемых в порядке ссудных операций банков под залог товаров, векселей и возвращаемых в банк по истечении срока ссуды.

БАРДЕПОТ (англ. bardepot) — система резервных требований на средства заимствования за границей.

БАРТЕР (англ. barter) — товарообменная операция без денежной оплаты.

БАРАТРИЯ (англ. barratry) — незаконные действия капитана или команды судна, которые могут принести ущерб судовладельцу или фрахтователю.

БИЗНЕС (англ. business) — дело, занятие, связанное с личной наживой, предпринимательская деятельность, коммерция.

БОДМЕРЕЯ (англ. bottomry) — денежный заем под залог судна или судна и груза.

БОНЫ (фр. bon) — 1) краткосрочные обязательства, дающие их держателю право на получение от определенного лица или учреждения известной ценности или услуги; 2) временные бумажные деньги, выпускаемые местными властями; 3) бумажные деньги, вышедшие из употребления и ставшие предметом коллекционирования.

БРОКЕР (англ. broker) — 1) аккредитованный (зарегистрированный) агент по купле-продаже ценных бумаг или валюты; 2) посредник между покупателем и продавцом, страховщиком и страхователем. Действует по поручению и за счет клиентов, получая за это от них специальное комиссионное вознаграждение.

БУМ (англ. boom) — быстрое и стабильное повышение цен и деловой активности.

В

ВАЛЮТА (ит. valuta) — 1) денежная система, принятая в данной стране, и денежная единица в данной стране; 2) иностранные кредитные билеты, монеты и др.; 3) в вексельном обращении — сумма платежа, указанная в векселе.

ВАРРАНТ (англ. warrant) — складочное свидетельство, документ, подтверждающий право собственности на хранящийся на складе товар.

ВЕКСЕЛЬ (нем. wechsel) — документ, составленный по установленной законом форме, предоставляющий право одному лицу (векселедержателю) требовать от другого лица, обязанного по векселю, уплаты указанной в векселе суммы денег в определенный срок. Векселя бывают простые и переводные (см. тратта).

Д

ДЕВАЛЬВАЦИЯ (фр. devaluation) — уменьшение стоимости национальной валюты по отношению к мировому денежному стандарту.

ДЕВИЗ (фр. devise) — иностранные переводные векселя.

ДЕМПИНГ (англ. dumping) — продажа товара на внешнем рынке по цене, более низкой, чем на внутреннем рынке.

ДЕНОНСАЦИЯ (англ. denunciation) — отказ от договора или контракта.

ДЕПОЗИТ (лат. depositum) — денежные суммы или ценные бумаги, вверенные банкам для краткосрочного кредита или сберегательным кассам для хранения и использования.

ДЕПОЗИТНЫЙ СЕРТИФИКАТ (англ. certificate of deposit) — свидетельство о срочном процентном вкладе в коммерческом банке. Регулярно публикуемый размер ставки по таким депозитам показывает, на каких условиях банк принимает средства по вкладу.

ДЕПОРТ (фр. deport) — скидка с обусловленного биржевого курса как плата за отсрочку поставки ценных бумаг до следующего расчетного периода.

ДЕФЛЯЦИЯ (фр. deflation) — уменьшение путем различных мероприятий финансового и экономического характера количества находящихся в обращении бумажных денег и неразменных банкнот.

ДЖОЙНТВЕНЧЕ (англ. joint venture) — предприятие, созданное с привлечением иностранного капитала.

ДИВИДЕНД (лат. dividendus) — часть прибыли, полученной акционерным обществом, подлежащая распределению среди акционеров.

ДИЛЕР (англ. dealer) — 1) посредник в торговых сделках купли-продажи ценных бумаг, валюты, товаров; 2) лицо или учреждение, уполномоченных на совершение валютной операции.

ДИСКОНТ ВЕКСЕЛЕЙ (англ. discount) — 1) разница между ценой в настоящий момент и ценой на момент погашения или ценой номинала;

2) отклонение в меньшую сторону от официального курса валюты;
3) понижение цены на товар в результате несоответствия его качества параметрам, оговоренным в контракте.

ДИСПАЧ (англ. dispatch) – вознаграждение (премия), уплаченное владельцем транспортного средства (судно, вагон) грузовладельцу за досрочное окончание последним погрузки или выгрузки.

И

ИНДЕНТ (англ. indent) – документ с отрывным дубликатом; заказ на товары; ордер; предложение на приобретение товара по ценам и на условиях, предлагаемых покупателем.

ИНДОССАМЕНТ (фр. endossement) – подпись на оборотной стороне платежного документа, гарантирующая выплату соответствующей суммы в срок, предусмотренный документом.

ИНСТЕЛМЕНТ КРЕДИТ (англ. instalment credit) – способ покупки товара в кредит, предусматривающий выплату его стоимости и процентов за кредит по частям. Купленный товар остается собственностью продавца до тех пор, пока не будет выплачена последняя часть. Товар является обеспечением кредита.

ИНФЛЯЦИЯ (фр. inflation) – обесценение денежных средств, выпуск денежных знаков и их кредитных заменителей в большем объеме, чем это требуется для товарооборота, обусловливают повышение цен, увеличение бюджетного дефицита.

ИПОТЕКА (гр. hypotheke) – ссуда, выданная под залог недвижимости. Залог, служащий обеспечением этой ссуды, не передается кредитору, а остается в руках должника; на заложенное по такой ссуде имущество налагается запрещение в так называемых ипотечных книгах.

К

КАМОЛ (англ. cum all) – условия, при которых акционер получает все дополнительные выгоды от владения акциями.

КВАЗИДЕНЬГИ (англ. quasi-money) – финансовые обязательства денежно-кредитных учреждений и депозитных банков, не являющиеся средством платежа.

КВОТА (лат. quota) – установленная доля какой-либо страны при ввозе или вывозе товаров другой страны; установленное предельное количество товаров, могущее быть импортированным в какую-либо страну.

КЛИРИНГ (англ. clearing) – процедура взаимных расчетов, при которой плательщик выступает в роли командированного покупателя перед всеми продавцами срочных контрактов и в роли консолидированного продавца перед всеми покупателями по биржевым сделкам. Клиринг гарантирует исполнение заключенных контрактов и страхует участников от возможных финансовых потерь.

КОММЕРЧЕСКИЙ БАНК (англ. commercial bank) – банк, специализирующийся на краткосрочном кредитовании промышленности и торговли, а также на различных видах банковского обслуживания частной клиентуры: ведение счетов, предоставление коммерческих, потребительских и ипотечных займов и т.д.

КОНВЕРСИЯ (лат. conversio) – изменение условий ранее выпущенного государственного займа с целью уменьшения расходов по государственному долгу путем понижения процента или изменения срока его погашения.

КОНВЕРТИРУЕМОСТЬ ВАЛЮТЫ (англ. convertible currency) – свободный обмен национальных денежных знаков на иностранные денежные единицы.

КОНОСАМЕНТ (фр. connaissement) – транспортная накладная; товарно-транспортный документ, расписка о получении груза для его перевозки; документ, удостоверяющий, что проданный товар направлен его покупателю.

КОНСИГНАЦИЯ (фр. consignation) – имущество, отданное на хранение; денежная сумма, сданная в депозит (на хранение в сберегательный банк).

КОНТАНГО (лат. contango) – 1) вознаграждение, выплачиваемое брокеру за отсрочку исполнения обязательств без оплаты или поставки ценных бумаг; 2) скидка с текущих цен за поставку товаров в более поздние сроки.

КОТИРОВКА (англ. quatation) – биржевая цена, курс валют на рынке ценных бумаг.

КОЭФФИЦИЕНТ ЛИКВИДНОСТИ (англ. liquidity ratios) – соотношение ликвидных активов и краткосрочных обязательств, рассматриваемых как критерий состояния финансового баланса компании.

Л

ЛИЗИНГ (англ. leasing) – среднесрочная и долгосрочная аренда движимого имущества производственного назначения.

ЛОДИНГ (англ. loadinq) – премия за риск, взимаемая банком с номинальной стоимости переводного векселя в дополнение к процентам и акцептным платежам.

М

МАРЖА (фр. marge) – 1) разница между биржевой ценой товара и максимальным размером разрешенной под него ссуды; 2) разница между указываемой в биржевом бюллетене ценой продавца и ценой покупателя.

МАРКЕТ (англ. market) – рынок, биржа, продажа, торговля, сбыт.

Н

НОУ-ХАУ (англ. know-how) — технические знания, секреты технологий, производственный опыт.

О

ОБЛИГАЦИЯ (лат. obligatio) — вид ценной бумаги, приносящей держателям установленный заранее доход в виде процента. Отличается от акции, доход от которой меняется в зависимости от доходности предприятия.

ОПЦИОНЫ (англ. option) — финансовые сделки с правом выбора условий проведения деловой операции.

П

ПОЛИС (фр. police) — свидетельство, выданное страховым обществом или учреждением, застраховавшим в нем что-либо.

ПРИНЦИПАЛ (фр. principal) — главный, основной участник деловых сделок (в отличие от посредника), лицо, действующее от собственного имени.

ПРОЛОНГАЦИЯ (фр. prolongement) — продление срока действия ранее заключенного делового соглашения, продление срока действия векселей.

ПРОМПТОВЫЙ (фр. prompt) — расчет немедленно наличными. В биржевой практике означает сдачу в течение двух недель со дня заключения контракта.

ПРОПРИЕТО (фр. propriete) — владелец недвижимой собственности: домовладелец, землевладелец.

ПРОСПЕКТ (лат. prospectus) — публикация об организации акционерного общества с целью привлечения подписчиков на акции.

ПРОТЕСТАНТ (лат. protester) — лицо, совершающее протест по векселю.

ПРОТОКОЛ (фр. protocole) — документ, содержащий запись результатов переговоров, предшествовавших заключению договора.

ПУЛ (англ. pool) — соглашение карательного типа между конкурентами; соглашение о передаче прибылей для распределения между всеми участниками; временное объединение спекулянтов на бирже.

Р

РЕВАЛЬВАЦИЯ (англ. revaluation) — корректировка в виде повышения курса национальных валют, усиления покупательной способности денег на внутреннем рынке.

РЕЙТИНГ (англ. rating) — оценка, определение стоимости, оценка финансового положения; отнесение к классу, разряду, категории; повышение цен, вследствие чего товар становится недоступным для низкооплачиваемых слоев населения.

РЕМИТЕНТ (фр. remettre) — получатель денег по переводному векселю или чеку.

РЭКЕТЕР (фр. racketter) — бандит-вымогатель; шантажист; неразборчивый в средствах спекулянт; участник жульнического предприятия или жульнической организации.

С

САНАЦИЯ (лат. sanatio) — система финансовых и экономических мероприятий, проводимых с целью предотвращения банкротства фирм, банков, трестов.

СПЕКУЛЯЦИЯ (лат. speculatio) — 1) торговля, рассчитанная на скорую и легкую наживу; 2) биржевая сделка по купле-продаже различного рода ценностей с целью получения курсовой разницы.

СПРЭД (англ. spread) — биржевая спекуляция, проводимая с целью извлечения прибыли от изменения обычных соотношений между котировками на различные сроки поставки одного и того же товара.

СУБВЕНЦИЯ (лат. subvenire) — форма финансового пособия государства отдельным отраслям и предприятиям.

СУБСИДИЯ (англ. subsidy) — безвозмездные и безвозвратные государственные выплаты.

Т

ТАРИФ (англ. tariff) — ставка платы (цена) за оказание услуг или ставка пошлины, взимаемой налоговыми службами.

ТРАНСФЕРТ (англ. transfer) — перевод денежных средств с одного банковского счета на другой.

ТРАССАНТ (ит. trassante) — лицо, выдающее тратту, переводящее свои платежи на другое лицо.

ТРАТТА (ит. tratta) — переводный вексель; чек или другой вид документа, который дает право его владельцу на получение указанной суммы денег.

ТУРИЗМ (фр. tourisme) — путешествия, совершаемые в деловых, развлекательных или оздоровительных целях.

Ф

ФАКТОРИНГ (англ. factoring) — авансирование средств под залог счетов дебиторов, подлежащих оплате.

ФАКТУРА (фр. facture) — платежный документ в виде стандартного бланка для расчетов по отдельным торговым операциям.

ФОРФЕТИРОВАНИЕ (англ. forfaiting) — финансирование деловых операций, учитывающее долговые обязательства.

ФРАНШИЗА (фр. franchise) — убыток в размере определенного процента стоимости груза, который не покрывается страховщиком; освобождение от налога; привилегия.

ФРОНТИНГ (англ. fronting) — операция, в процессе которой компания оформляет страховой полис, но возлагает финансовый риск на другого страховщика.

ФЬЮЧЕРС (англ. futures) — 1) финансовые операции, предусматривающие изменение условия делового контракта в ходе его реализации; 2) сделки на покупку или продажу финансовых инструментов или товаров на товарных биржах при условии их поставки в будущем.

Х

ХЕДЖ (англ. hedge) — 1) срочная биржевая сделка, заключаемая для страхования от возможного падения цен; 2) финансовая операция на срочных товарных рынках, которая равна по стоимостному объему и противоположна по своему характеру сделке, заключенной на обычном рынке.

ХЕДЖИРОВАНИЕ (англ. hedging) — практика заключения срочных биржевых сделок с учетом инфляции.

Ц

ЦЕДЕНТ (фр. cedant) — кредитор, уступающий свое право требования долга другому лицу.

Ч

ЧЕК (фр. cheque) — письменное распоряжение банку выплатить указанную сумму денег в счет имеющихся там сбережений.

Ш

ШАНТИНГ (англ. shunting) — покупка товара на одну валюту и перепродажа ее за другую валюту; валютная спекуляция.

Э

ЭМБАРГО (исп. embargo) — запрещение государственной власти вывоза из какой-либо страны или ввоза в какую-либо страну валюты, товаров или задержание транспортных средств.

РУССКИЕ ЭКВИВАЛЕНТЫ АНГЛИЙСКИХ ТЕРМИНОВ

Русский	Английский
Агрегативный подход к решению методологических проблем международного индекса	aggregative approch to the problem of international index-namber ... 17
аккредитив	letter of credit ... 126
аккредитив для оплаты еще не отгруженной продукции	anticipatory letter of credit ... 18
аккредитив с задержкой платежа	delayed payment credit ... 55
аккредитив с отсрочкой платежа	deferred payment credit ... 54
аккредитивная оговорка	letter of credit clause ... 127
активы	assets ... 19
актуарные резервы страхования жизни	actuarial reserves in respect of life insurance ... 16
акцептант	acceptor ... 13
акцептная фирма	acceptance house ... 12
акцептное финансирование	acceptance financing ... 12
акцептование векселя для спасения кредита векселедателю	acceptance supra protest ... 13
акцептование и возврат платежного требования	acceptance and return ... 11
акциз, акцизный сбор, налог с внутреннего дохода	excise tax ... 69
акция	share ... 156
аналитический принцип формирования платежного баланса	analytic presentation of the balance of payments ... 18
Баланс народного хозяйства (БНХ)	balance of national economy ... 22
баланс текущих экономических операций с зарубежными странами	balance of current transaction with the rest of the world ... 21
баланс счета текущих операций, включая официальные трансферты	current account balance after official transfers ... 47

баланс счета текущих операций без официальных трансфертов	current account balance before official transfers ... 48
баланс товаров, услуг, доходов и односторонних трансфертов	balance on goods, services, income and unrequired transfers ... 26
балансовая ведомость	balance sheet ... 26
банк	bank ... 27
банкноты, не имеющие специального обеспечения	general asset currency ... 93
банковский акцепт	banker's acceptance ... 27
банковский вексель	banker's bill ... 27
бегство капитала	flight of capital ... 84
бедность	poverty ... 144
бесплатные субсидии	free grants ... 89
биржевая внешнеэкономическая сделка	call transaction ... 33
бланковый индоссамент	blank endorsement ... 29
бланковый трансферт	blank transfer ... 29
блокада	blockade ... 29
блокированная валюта	blocked exchange ... 30
блокированный счет	blocked account ... 30
брюссельское определение стоимости импортных товаров	brussels definition of value for imported goods ... 30
Валовая внешняя задолженность	gross external debt ... 97
валовая продукция торговли	gross output of distributive trades ... 98
валовой внутренний продукт	gross domestic product ... 96
валовой внутренний продукт, исчисленный по данным баланса народного хозяйства	gross domestic product derivated from net material product ... 97
валовой национальный продукт	gross national product ... 98
валовой объем услуг банковских и финансовых учреждений	gross output of banks and similar financial institutions ... 98
валовые капиталовложения	gross capital formation ... 96
валютный контроль	exchange control ... 68
валютный риск	currency risk ... 47
вариационный метод в статистике покупательной способности валют	deviation methods in statistics of purchasing power parity ... 56
варьирование случайной величины в выборочной совокупности	chance fluctuation of sampling ... 35
ведомость платежного баланса	balance of payments statement ... 25
вежливое исключение	cultural exclusive ... 46
вежливый нейтралитет	cultural adiaphora ... 45
вексель	bill ... 28
вексель к оплате	bill payable ... 29
вексельный кредит	acceptance credit ... 12
векселя и облигации международных банков, свободно обмениваемые на местные акции	notes and bonds convertible into local equity ... 139
виды внешнеэкономических операций	types of external transaction ... 167

виды межстранового движения капитала	types of international capital flows ... 167
вид товара	item ... 119
внешнеторговая выручка	output of foreing trade ... 141
внешние займы по валютной "корзине"	D.F.C. currency basket scheme ... 57
внешнеэкономические операции в иностранной валюте	foreign currency transaction ... 87
внешнеэкономические операции в счет авансовых платежей иностранной валютой	international transaction on accrual basis ... 119
внешнеэкономические операции за наличную иностранную валюту	international transaction on cash basis ... 119
внешнеэкономические операции с услугами	international trade service transaction ... 119
внешнеэкономические операции с финансовыми требованиями	external transaction in financial claim ... 77
внешнеэкономический счет накопления капитала	external accumulation account ... 75
внешнеэкономический счет первичных доходов и текущих трансфертов	external account of primary incomes and current transfers ... 74
внешнеэкономическая деятельность	external economic activity ... 76
внешнеэкономический счет товаров и услуг	external account of goods and services ... 74
внешнеторговый баланс	balance of external trade ... 21
внешняя задолженность	external debt ... 75
внешняя задолженность по просроченным долговым обязательствам	arrears of debt rescheduling ... 19
вновь возникшая отрасль промышленности	infant industry ... 109
внутренние налоги на импортные товары	domestic taxes on goods collected at import ... 62
временный доступ к импорту	admission temporaire ... 16
вспышка роста доходов	income explosion ... 105
выборочное распределение при международных сопоставлениях	sampling distribution applies to international comparison ... 155
выплата процентов	interest payments ... 112
Галопирующая инфляция	runaway inflation ... 154
гарантийное письмо	letter of indemnity ... 127
Гармонизированная система описания и кодирования товаров	Harmonized Commodity Description and Coding System ... 99
генеральная лицензия	general licence ... 94
Генеральное соглашение по тарифам и торговле (ГАТТ)	General agreement on tariffs and trade (GATT) ... 93
Генеральное соглашение членов МВФ	General agreement of IMF's members ... 92

генеральный полис	floation policy ... 84
горизонтальная интеграция	horizontal integration ... 100
"горячие деньги"	hot money ... 100
"грязное", управляемое колебание валютных курсов	dirty float ... 60
Движимые товары	merchandise ... 133
двойное налогообложение	double taxation ... 63
двустороннее внешнеторговое соглашение	bilateral agreement ... 27
двустороннее соглашение о введении ограничений в сфере внешней торговли	bilateral restraint agreement ... 27
девальвация	devaluation ... 56
девиз	devise ... 57
деловая активность	activity ... 16
деловые операции	transaction ... 164
деловые операции с товарами и услугами	transaction in goods and services ... 164
демонетизация	demonetization ... 55
демпинг	dumping ... 64
денежная масса	money ... 135
денежная масса в узком понимании	narrow money ... 138
денежная масса в широком понимании	broad money ... 30
денежные инструменты	monetary instruments ... 136
денежный агрегат	monetary aggregate ... 136
депозит	deposit ... 55
депозиты в иностранной валюте	forein currency deposits ... 87
депозиты до востребования	demand deposits ... 55
детальные товарные категории (заголовки базовых товарных групп)	detailed commodity categories (basic commodity heading) ... 56
дефляционный разрыв	deflationary gap ... 54
деятельность денежно-кредитных учреждений	activities of monetary institutions ... 16
деятельность центральных банков	central banking ... 34
дивиденды на вложенный капитал	dividends on investments ... 62
диспач	despatch money ... 56
дифференциальные обменные курсы	differential exchange rates ... 58
договор на эксцедентное перестрахование	excess of loss treaty ... 68
договор о морской перевозке груза (фрахтовании)	contract of affreightment ... 43
договор о срочном обмене валюты	forward exchange contract ... 89
договорная пошлина	conventional duty ... 44

доковая расписка	dock receipt ... 62
документ, освобождающий от финансовой ответственности	acquittance ... 15
документированный переводный вексель	documentary bill of exchange ... 62
документированная тратта	documentary draft ... 62
долг, задолженность	debt ... 53
долгосрочный вексель	long bill ... 129
домашний вексель	house bill ... 101
дополнительные внешнеторговые услуги, оказываемые перевозчиком грузов	accessorial services ... 13
достоверность паритета покупательной способности валют	accuracy of purchasing power parity ... 15
доход (поступления) от внешнеторговой деятельности	foreign trade earnings ... 88
доходы от вложений капитала как компонент счета текущих операций	investment income as component of current account ... 120
дружеский вексель	accommodation bill ... 13
дружеский индоссамент	accommodation endorsement ... 13
Европейская валютная единица	European Currency Unit (ECU) ... 67
Европейская валютная система (ЕВС)	European Monetary System (EMS) ... 67
Зависимость официального валютного курса от паритета покупательной способности валют	relationship between purchsing power parity and exchange rate ... 150
займы как внешние финансовые источники	loan as external means of financing ... 129
займы, предоставляемые для финансирования торговых операций и капитального строительства	trade and project loans ... 163
залоговое свидетельство	mortgage certificate ... 137
залоговый сертификат	hypothecation certificate ... 101
заниженная экспортная цена	less than fair value ... 125
золотая инфляция	gold inflation ... 95
золотой кризис	gold crisis ... 95
золотой стандарт	gold standard ... 95
зона, свободная от таможенного контроля	commercial free zone ... 39
Имитационный лаг	imitation lag ... 102
импорт в системе внешнеторгового учета	import as recording system ... 103
импорт под долговое обязательство (расписку)	importation under bond ... 103

импорт товаров	imports of goods ... 103
импорт транспортных услуг	imports of transport services ... 104
импорт услуг	imports of services ... 104
импортные пошлины	import duties ... 103
импортозамещение	import substitution ... 103
имущество	assets ... 19
индекс ведущих показателей	index of leading indicators ... 107
индекс конкурентоспособности промышленных товаров	industrial competitiveness index ... 109
индекс оптовых цен	wholesale price index ... 176
индекс покупательной силы денег	index-number of purchasing power money ... 106
индекс потребительских цен	consumer price index ... 42
индекс промышленного производства мира	index-number of world industrial production ... 106
индекс промышленного производства США	index of industrial production USA ... 107
индекс стоимости жизни	cost of living index ... 45
индекс цен валового национального продукта (ВНП)	price index for gross national product ... 144
индент	indent ... 105
индент-агент	indent agent ... 105
индивидуальное потребление населением	individual consumption of population ... 108
индикаторы деловых циклов	business cycle indicators ... 32
индоссамент, передаточная надпись	endorsement ... 67
иностранный туризм	international tourism ... 118
институциональная единица	institutional unit ... 110
инфляция	inflation ... 109
инфляция и паритет покупательной способности валют	inflation and purchasing power parity ... 110
ипотека	hypothecation ... 101
Категории финансовых средств СНС	classes of financial instrument in SNA ... 36
квазиденьги	quasi-money ... 149
классификация внешнеэкономических операций, учитываемых в балансе народного хозяйства	classification of external transaction in balance of national economy ... 37
классификация внешнеэкономических операций, учитываемых в СНС	classification of external transaction in SNA ... 37
классификация основных продуктов	central product classification ... 34
классификация расходов Проекта международных сопоставлений	expenditure classification of the international comparison programme ... 70
колебание курсов валют	margins of flactuation ... 131

количество денег в обращении	money supply ... 137
комиссионный сбор за акцепт	acceptance commission ... 12
коммерческий вексель	commercial bill ... 39
компенсация за убытки	loss payee ... 130
комплект оборотных кредитно-денежных документов	bill in a set ... 29
Конвенция по международной торговле исчезающими видами флоры и фауны	Convention on international trade in endangered species of flora and fauna ... 44
конверсия внешнего долга	external debt conversion ... 75
конвертируемость валюты	convertible currency ... 45
коносамент	bill of lading ... 28
консолидированный долг	funded debt ... 90
контрабанда	contraband ... 43
контрактная ставка	contract rate ... 43
Конференция ООН по торговле и развитию (ЮНКТАД)	United nations conference on trade and development (UNCTAD) ... 170
концепция внутренней экономики баланса народного хозяйства	material product account's concept of the internal economy ... 132
концепция услуг в статистике внешней торговли	concept of services in international trade statistics ... 40
косвенные коммерческие налоги и неналоговые платежи	indirect business tax and nontax liability ... 108
коэффициент использования денежных средств	currency ration ... 46
коэффициент ликвидности	liquidity ratio ... 128
коэффициент пересчета в многовалютную расчетную денежную единицу	ratio of conversion into multitude currency unit ... 150
коэффициент обслуживания внешнего долга	external debt service ratio ... 76
кредитное письмо	bill of credit ... 28
кредитование специального назначения	on-lending ... 140
Лизинг в целях эксплуатации движимой собственности	operational leasing ... 141
лодинг	loading ... 128
Материально-вещественное имущество	tangible assets ... 162
Международная стандартная торговая классификация (МСТК)	Standard international trade classification (SITC) ... 158
Международная стандартная хозяйственная классификация видов экономической деятельности (МСХК)	International standard industrial classification of all economic activities (ISIC) ... 117

международная статистика цен	international price statistics ... 116
международная торговля как объект статистического учета	subject of international trade statistics ... 160
международное депозитное свидетельство	international depository receipt (IDR) ... 113
международное договорное право	conventional international law ... 43
международные количественные сопоставления валового внутреннего продукта	quantity international comparison of gross domestic product ... 149
международные потоки факторных доходов	international flow of factor income ... 113
международные соглашения в области производства и сбыта товаров	international commodity agreements ... 111
международные стандартные классификаторы внешнеэкономической деятельности	international standard classification of external economic activity ... 117
международные трансфертные платежи	international transfer payments ... 119
Международный валютный фонд (МВФ)	International Monetary Fund (IMF) ... 115
международный кредит	international lending ... 114
минимальный стандарт жизни	minimum standards of living ... 134
международный стандарт учета и отчетности	international standards of accounting and reporting ... 118
монетизация золота	monetization of gold ... 135
Наличные деньги	currency ... 46
налоги	taxes ... 162
налог на добавленную стоимость	value added tax (VAT) ... 174
налог на обмениваемую валюту	exchange taxes ... 69
налоги на внешнюю торговлю	taxes on international trade ... 162
налоги на выручку от внешнеэкономических операций	taxes on external transaction ... 162
национальная валюта	national currency ... 46
национальная экономика	national economy ... 138
национальный доход	national income ... 138
незаконное стимулирование	improper inducement ... 104
некоммерческие внешнеэкономические операции	noncommercial transactions ... 139
непосредственно инкассируемое платежное требование	direct collection order ... 59
неразменные, "санкционированные", необеспеченные, безэквивалентные деньги	flat money ... 83
нерыночные услуги	non market services ... 139
нижний предел	floor ... 84
норма амортизационных расходов	depreciation charge ... 56
ноу-хау	know-how ... 123

Обесценение денег	depreciation (monetary) ... 55
облигация	bond ... 30
обратимость валюты	convertibility ... 44
обменные международные операции	exchange transactions ... 69
обобщение результатов региональных международных сопоставлений ООН	linking the results of regional international comparison ... 127
оборотные средства	current assets ... 48
обслуживание внешнего долга	external debt service payments ... 76
общая характеристика пересмотренной СНС ООН	overview of the revised SNA ... 142
общий таможенный тариф	general tariff ... 94
общий ценовой дефлятор валового внутреннего продукта	implicit price deflator for gross domestic product ... 102
обязательства по обслуживанию долга	debt service obligation ... 53
обязательства по акцептам	acceptance liability ... 12
оговорка о валюте, установленная для расчетов по решению суда	judgement currency clause ... 122
односторонние трансферты	unilateral transfers ... 168
операции с долгосрочным капиталом	long-term capital transactions ... 130
операции с капиталом	capital transaction ... 33
операции с финансовыми инструментами	transaction in financial instruments ... 164
оптовая цена промышленной продукции	wholsale price ... 176
опционы	options ... 141
основные методологические концепции платежного баланса	conceptual framework of balace of payments ... 41
основные научно-методологические положения по исчислению индекса цен	framework for compiling price statistics ... 89
основные принципы регистрации импортируемых и экспортируемых товаров	general principle of recording all out-flow and in-flows of goods ... 94
основные средства	fixed assets ... 83
отгрузки как компонент счета текущих операций	shipment as component of current account ... 156
отчет в иностранной валюте	foreign currency statement ... 87
отчет о внешнеэкономических операциях	statement of external transaction ... 159
очистка от таможенных формальностей	clearance through customs for home use ... 38

Паритет покупательной способности валют Гири—Хамиса	Geary – Khames purchasing power parity ... 92
паритет покупательной способности валют по формуле Ласпейреса	Laspeyres purchasing power parity ... 125
паритет покупательной способности валют по формуле Пааше	Paasche purchasing power parity ... 143
паритет покупательной способности валют по формуле Торнквиста	Tornqvist purchasing power parity ... 163
паритет покупательной способности валют по формуле Фишера	Fisher purchasing power parity ... 82
перевод денежных сумм	transfer ... 166
переводный вексель	bill of exchange ... 28
переводный вексель с оплатой по предъявлении	bill at sight ... 28
передача ценностей	transfer ... 166
перепродажа товаров за границей	merchanting abroad ... 134
переработка товаров за границей	processing abroad of goods ... 145
пересмотр сроков платежей страны-должника кредиторам	external debt rescheduling ... 76
переход прав собственности	change of ownership ... 36
первичный учет экспортно-импортных операций	external trade system of recording ... 77
письменное согласие на оплату платежного требования	accept ... 11
письменное финансовое поручительство	aval ... 19
письмо об инкассации	direct collection letter ... 58
плавающие валютные курсы	floating exchange rates ... 84
плата за контрактный простой	contract demurrage ... 43
платежный баланс	balance of payments (BOP) ... 22
платежный баланс и система национальных счетов	balance of payments and system of national accounts ... 23
подделка	knock off ... 123
покупательная способность национальной валюты	purchasing power currency ... 146
полис	policy ... 144
положение о пункте назначения	destination clause ... 56
понятие национальной экономики в платежном балансе	concept of an economy of balance of payments ... 39
порог отклонения валют	divergence threshold ... 61
портовые сборы	harbor dutes ... 99
порядок учета внешнеэкономических операций	transaction records ... 165

посетитель	visitor ... 175
поступления в национальную экономику долгосрочного капитала	long-term capital inflows to national economy ... 129
поток экспортно-импортных товаров	flow of external trade ... 85
потоки золота	gold flows ... 95
потребительский кредит	cosumer installment credit ... 42
потребление основного капитала	consumption of fixed capital ... 42
право ареста всего имущества в случае неуплаты долга	blanket inventory lien ... 29
превращение долговых обязательств в наличные деньги	debt monetization ... 53
предоставление кредита	credit granting ... 45
предъявительский вексель	demand bill ... 55
прибыль от операций с иностранной валютой	exchange profits ... 68
пригодные документы	eligible papers ... 66
приемлемость платежного требования	acceptability ... 11
принудительная налоговая система	forced tax system ... 86
принятое к оплате платежное требование	acceptance ... 11
приобретение имущества в виде основного капитала	acquisition of fixed capital assets ... 15
Программа международных сопоставлений ООН (ПМС ООН)	International comparison programme (ICP) ... 112
производственный счет	product account ... 145
процентная ставка по долгосрочным векселям	long rate ... 129
процентная тратта	interest-bearing draft ... 111
процентный арбитраж	interest arbitrage ... 111
процентный риск	interest rate risk ... 111
прямой внешнеторговый оборот	direct foreign trade tunover ... 59
прямые инвестиции как компонент счета капитала	direct investment as component of capital account ... 60
путешествие	travel ... 166
Рабочая, оперативная, функциональная валюта	functional currency ... 90
раздел платежного баланса	section of balance of payments ... 156
различия в условиях страхования	difference in conditions of insurance ... 58
размер выручки	margin of profit ... 131
распоряжение на поставку	delivery order ... 55

распределение специальных прав заимствования	allocation of special drawing rights ... 18
расходы на оборону	defence expenditures ... 54
расходы туристов	tourism expenditure ... 166
расчетная денежная единица в статистике платежного баланса	unit of account in balance of payments statistics ... 169
расчетная денежная единица Международного валютного фонда	unit of account of the International Monetery Fund ... 168
рационирование ликвидных средств	liquidity rationing ... 128
реальный валютный курс	real exchange rate ... 151
регрессионный индекс цен	hedonic price index ... 100
резервные фонды	reserve assets ... 152
резервы средств платежа за границей	international reserves ... 117
резидентская единица	resident institutional unit ... 152
резиденты национального хозяйства	resident institutional sectors ... 152
результаты внешнеэкономических операций, учитываемых статистикой валового национального продукта	results of external transaction in statistics of gross national product ... 153
рекомендательное письмо	letter of comfort ... 125
ремонт за границей движимых товаров	repairs abroad of goods ... 152
ремонт за границей инвестиционных товаров	repairs abroad of capital goods ... 151
реорганизация внешней задолженности	external debt reorganization ... 76
рефинансирование внешнего долга	external debt refinancing ... 76
рисковый капитал	ventur capital ... 174
розничная цена	retail price ... 153
руководство по составлению платежного баланса	balance of payments manual ... 24
рыночные услуги	market services ... 131
Сберегательные депозиты	saving deposits ... 156
сберегательный сертификат	certificate of deposit ... 35
сверхприбыль	excess return ... 68
сводный (агрегатный) индекс, применяемый при международных сопоставлениях	index-number applies to international comparison ... 105
система бухгалтерского учета	accounting system ... 15
система внешней торговли	foreign trade system ... 88
система двойных бухгалтерских проводок	double-entry system ... 63

Система национальных счетов (СНС)	System of National Accounts (SNA) ... 161
система правил таможенной оценки	customs valuation code ... 52
система учета внешнеторговых операций	external trade system of recording ... 77
система четырех бухгалтерских проводок	quadruple-entry system ... 149
скрытый налог	hidden tax ... 100
складское свидетельство	warrent ... 176
скорость обращения денежной массы	velocity of circulatin of money ... 174
скрытая экономическая деятельность	underground economic activities ... 168
Совет таможенного сотрудничества	Customs cooperation council (CCC) ... 48
совместное предприятие	joint venture ... 122
совокупность товаров, учитываемых международной статистикой внешней торговли	observation of international trade statistics ... 140
согласованный протокол по пересмотру финансовых обязательств по внешнему долгу	agreed minute of debt reschedulings ... 17
соглашение о многопериодном пересмотре финансовых обязательств по внешнему долгу	multiyear debt rescheduling agreement ... 137
соглашение об ограничениях в организации сбыта	exclusive dealing agreement ... 70
соглашение об учете	costing agreement ... 45
соизмеритель экономического развития на национальном и международном уровне	measure of economic development at national and international level ... 132
спекулятивные запасы	floating supply ... 84
специальные права заимствования	special drawing rights (SDR) ... 157
списанный внешний долг	forgiveness of external debt ... 88
справедливая рыночная стоимость	fair market value ... 79
сравнение реального конечного продукта стран мира	world comparisons of real product ... 177
средняя, используемая при определении паритета покупательной способности валют	average applies to purchasing power parity ... 19
средства платежа	means of payment ... 132
средства платежа за границей	means of external payments ... 132
средства существования	means of subsistence ... 132
срок платежа	due date ... 64
срочная маржа	forwar margin ... 89
ссудное ценообразование	loan pricing ... 129
ставка обслуживания внешнего долга	debt service ration ... 53

стандартные компоненты платежного баланса	standard component of balance of payments ... 157
стандартизированный бюджет семьи	standard family budget ... 158
статистика	statistics ... 160
статистическая единица СНС	statistical unit of SNA ... 160
статистическая отчетность по внешней торговле	accounting for foreign trade ... 14
статьи внешней торговли	items of foreign trade ... 120
стоимостная оценка импорта на условиях СИФ (стоимость, страхование, фрахт)	c.i.f. (cost, insurance, freight) value ... 36
стоимостная оценка импортируемых товаров	valuation of imports of goods ... 172
стоимостная оценка международных экономических операций	valuation of international transaction ... 173
стоимостная оценка результатов внешнеэкономических связей в БНХ	valuation of economic links with foreign countries ... 171
стоимостная оценка товаров внешней торговли	valuation of commodities in external trade ... 171
стоимостная оценка экспортируемых товаров	valuation of exports of goods ... 172
стоимостная таможенная оценка на условиях ФОБ (свободно на борту)	f.o.b. (free on boad) value ... 86
стоимостный объем внешней торговли	value of external trade ... 174
стоимостный объем товаров, увеличивающих или уменьшающих национальное богатство страны	value of merchandise ... 174
стохастический подход к решению методологических проблем международного индекса	stochastic approach to the problem of international index-number ... 160
страна-дебитор, страна-должник	debt nation ... 53
страхование	insurance ... 110
страхование заграничных кредитов	foreign credit insurance ... 87
страховые услуги как внешнеэкономические операции	insurance service as international transaction ... 112
строительство за границей	construction abroad ... 42
субсидии	subsidies ... 161
субсидии из-за границы	grants from abroad ... 95
счет	account ... 14
счет внешнеэкономических операций	external transaction account ... 77
счет государственного сектора	public sector account ... 146
счет доходов	income account ... 104

счет иностранных инвестиций	account of foreign investment ... 14
счет капитала	capital account ... 33
счет платежного баланса	balance of payments account ... 23
счет остальных стран мира	rest of the world account ... 153
счет текущих операций	current account ... 47
счет-фактура	invoice ... 120
счета движения резервных фондов	flow of funds accounts ... 85
счета резервного фонда	funds accounts ... 90
Таможенная граница	customs frontier ... 50
таможенная декларация	customs declaration ... 49
таможенная оценка	customs valuation ... 51
таможенная территория	customs territory ... 51
таможенно-тарифная оценка с применением критерия однозначного использования	dedicated to single-use test ... 54
таможенные пошлины	customs duties ... 50
таможенные склады	customs warehouse ... 52
Таможенный союз	Customs union ... 51
таможенный транзит	customs transit ... 51
таможенный участок для импортных поставок	customs district for imports ... 50
теория Кондратьева больших циклов деловой активности	Kondratiev's theory of large cyclical movement of business activity ... 123
товарные запасы в розничной торговле	merchandise inventories ... 134
товары	commodities ... 39
товары международного рынка	international marketing goods ... 115
торговый акцепт	trade acceptance ... 163
традиционная практика заимствования	familiar drawing techniques ... 80
транспортная накладная, коносамент	bill of lading ... 28
трассант	drawer ... 64
трассат	drawee ... 64
тратта	draft ... 63
туризм как компонент счета текущих операций	travel as component of current account ... 166
турист	tourist ... 166
Управляемое (регулируемое) ценообразование	administered pricing ... 16
условия торговли на внешнем рынке	term of trade ... 163
условно-денежные средства, квазиденьги	quasi-money ... 149
установка оборудования за границей	installation abroad ... 110
устойчивость покупательной способности заработной платы	stable of purchasing power wages ... 157

уровень цен страны	country's price level ... 45
учет (дисконт) векселей	discounting ... 61

Фактически конвертируемая валюта — currency convertible in fact ... 46

факторинг, факторные операции	factoring ... 79
факторные платежи	factor services ... 79
физический объем внешней торговли	volume of external trade ... 175
финансирование на льготных условиях	financing facility ... 82
финансовая реорганизация внешнего долга	financial innovation of external debt ... 80
финансовая ведомость	financial statement ... 26
финансовое долговое обязательство	financial paper ... 81
финансовое посредничество, связанное с распределением инвестиционных фондов	financial intermediation concerned with destributing funds ... 81
финансовые инструменты	financial instruments ... 80
финансовые инструменты регулирования делового риска	financial instruments of business risk management ... 81
финансовые операции	financial transaction ... 82
финансовые операции с собственностью	real estate activities ... 150
финансовые средства как показатели Системы национальных счетов (СНС) и платежного баланса	financial instruments in SNA and BOP ... 80
финансовый лизинг	financial leasing ... 81
финансовый риск	financial risk ... 82
форфетирование	forfaiting ... 88
фронтинг	fronting ... 90
фундаментальное нарушение равновесия валютных курсов	fundamental disequilibrium ... 90
фьючерсы	futures ... 91

Хеджирование — hedging ... 100

хозяйственный субъект (в СНС) — transactor in SNA ... 165

Цель Программы международных сопоставлений	purpose of International comparison programme ... 147
цена заграничного рынка	foreign market price ... 87
цена как мера стоимостной оценки экономического состояния страны	price as measure for accounting of performance ... 144

центральная тенденция проявления признака в ряду распределения	central tendency of frequency distribution ... 35
цикл деловой активности	business cycle ... 31
Чек	cheque ... 36
чистый вексель	clean bill ... 38
чистый процент	net interest ... 139
чистый факторный доход из остальных стран мира	net factor income from rest of world ... 139
Эквивалент рыночной цены	market price equivalents ... 131
экономическая помощь иностранным государствам	foreign aid for economic assistance ... 87
экономические операции по платежному балансу	payment's transaction ... 143
экономические операции по распределению дохода	distributive transaction ... 61
экономические операции как объект изучения международной балансовой статистики	transaction as subject of international account statistics ... 164
экспорт в системе внешнеторгового учета	export as recording system ... 71
экспорт видимых товаров	exports of merchandise ... 73
экспорт других видов транспортных услуг	exports of other kinds of transports services ... 73
экспорт и импорт материальных услуг	exports and imports of material services ... 70
экспорт и импорт услуг нематериального характера	exports and imports of non-material services ... 70
экспорт товаров	exports of goods ... 71
экспорт услуг	exports of services ... 74
экспорт услуг пассажирского транспорта	exports of passenger transports services ... 73
экспорт услуг по перевозкам грузов	exports of goods transport services ... 72
экспорт услуг страхования	exports of insurances ... 72
экспортные пошлины	export duties ... 71
эмбарго	embargo ... 66